中青年经济与管理学者文库

# 中国反倾销政策效果评估方法及实证研究

陈振凤　著

中国财经出版传媒集团
中国财政经济出版社

**图书在版编目（CIP）数据**

中国反倾销政策效果评估方法及实证研究/陈振凤著. —北京：中国财政经济出版社，2018. 3
（中青年经济与管理学者文库）
ISBN 978 -7 -5095 -8018 -9

Ⅰ. ①中…　Ⅱ. ①陈…　Ⅲ. ①反倾销 - 贸易政策 - 研究 - 中国　Ⅳ. ①F752. 023

中国版本图书馆 CIP 数据核字（2018）第 004405 号

责任编辑：杨　骁　　　　责任校对：杨瑞琦

中国财政经济出版社 出版
URL：http://ckfz. cfeph. cn
E - mail：cfeph @ cfeph. cn

社址：北京市海淀区阜成路甲 28 号　邮政编码：100142
营销中心电话：010 - 88191537
天猫网店：中国财政经济出版社旗舰店
网址：https://zgczjjcbs. tmall. com
北京财经印刷厂印刷　各地新华书店经销
880 ×1230 毫米　32 开　7 印张　160 000 字
2018 年 6 月第 1 版　2018 年 6 月北京第 1 次印刷
定价：40. 00 元
ISBN 978 -7 -5095 -8018 -9
（图书出现印装问题，本社负责调换）
本社质量投诉电话：010 - 88190744
**打击盗版举报热线：010 - 88191661　QQ：2242791300**

# 策划人语

题记：一个人的精神成长史，取决于他的阅读史。只有阅读能最有效地培养精神生活习惯，而好的习惯又培养性格，性格决定人生。

——我们自豪，因为我们就是创造这精神产品的人。



选择了飞翔，总能看到蓝天；选择了远航，总能感受大海。人生不仅要作出选择，也要坚持住自己的选择。学会计、当编辑是我的意外选择。人说编辑是为人做嫁衣，可是这一选择我坚持了27年，苦在其中，乐在其中，也算是有声有色。每当我把一本本好书呈献给人们的时候，我觉得我是“富贵”的人：富，不是你身上的钱财，而是你心里的满足；贵，不是你地位的显赫，而是你被人需要的程度。

## 书海探寻，情怀永恒

我要说，做编辑我幸运，因为我不仅是第一个读者，可以对作品“品头论足”，也可以对作品“生杀予夺”；更重要的是，这是一个很高层次的平台，在多年与名家的交往和名著的“对话”中，深深地为他们的人格和才学所感动，被作品的精彩所吸引，这不仅使我“下笔如有神”，更使我的思想和灵魂也受到一次次洗礼和震撼，得到一次次升华。对于我的作者我的书，如数家珍，作者中不乏才学和为人同样过人的多位泰斗和“颜值高责任大”的众多才子佳人；策划的作品不仅立足专业还兼顾人文，也是情怀所在，专业加人文路才会更宽。

多年的体会是，作为一名编辑，起码要“三心二意”，即“责任心、细心、耐心”和“服务意识、创新意识”。要多策划一些有份量的拳头产品，用一个选题推动一个系统工程，用一个系统工程培养一个出版社品牌。给新入职编辑讲座时我做过一个比喻：编辑两项基本功，审稿——甚至要比博导审批学生论文还要全面、细致；选题策划——要像电影导演一样做“星探”，善于发现优秀作者和挖掘好的原创作品。记不得27年来我策划和编辑了多少书，组织和策划了一大批教材、业务培训用书、通俗读物、理论专著等，有的获得过国家、省部级各类奖项，有的以其填补空白、社会热点、风格新颖、开拓尝试等特点受到读者的欢迎。20世纪90年代我开始自主策划选题，多年来每年都有新丛书问世。比如，21世纪初内部控制研究在国内刚兴起时，策划了《现代内部控制丛书》，其中《企业内部控制管理操作手册》是我鼓励作者将自己饱含心血的经过长期钻研和实践并证明卓有成效的成果奉献付梓，使得更多的人能受益于此，这无疑是对我国内部控制理论探索和实践发展的一种贡献，内部控制选题至今还是热点。2013年的《来去无尘——一位财政部长的生前事》所展现的吴波精神，与深入推进党风廉政建设相得益彰，得到中央领导同志的高度重视和重要批示。中央各大主流媒体纷纷连续报道，掀起了全社会学习吴波高尚情操的热潮。2014 年至今的前沿选题《财务云丛书》等也越来越受到业界认可。

## 想是问题，做是答案

众所周知，目前的图书出版业在行业竞争和纸质图书受到严重冲击的情况下，出版人无不感到莫大的危机。在这种背景下，策划一套专业图书是颇感困惑的一件事，风险更大。但即使这样我们也不能因噎废食、停滞不前，还要积极应对，继续发挥纸质图书的固有特质，挖掘出版内容和形式都精彩的原创作品，适应新形势下读者的更高需求。2017 年，我们接受新的挑战，开启新的征程，又策划《中青年经济与管理学者文库》《当代税收名家丛书》《中国税务律师系列丛书》《现代管理实务丛书》《高等院校应用型会计人才精细化培养系列教材》等，继续为扶持学术研究和总结最新成果，在高端研究与专业知识普及和应用之间搭建一座座有益的桥梁。

每一个时代的经济环境不同，理论研究和实务探索所需要解决的问题也有所差别。当前我国不仅处于经济结构调整和供给侧改革的攻坚期，同时也处于大数据和互联网突飞猛进的变革期，矛盾叠加，风险交汇，市场环境和组织模式不断演变发展、推陈出新，经济、管理、财税等领域的新理论、新思想、新方法、新工具也层出不穷。乱花渐欲迷人眼，击水三千浪几何？这些领域的研究人员被时代赋予了更艰巨的责任，也面临着更高、更多元的要求，我们不仅要具备更广阔的学术视野，而且要有更严谨的学术思维。

## 输在犹豫，赢在行动

《中青年经济与管理学者文库》的作者，都是我国经济与管理领域的中坚力量，也是未来的大家。他们中有些人潜心从事理论研究，有些人则深耕在实务一线，但无论现实身份如何，视野全都没有被拘泥在“象牙塔”内。他们从不同视角对市场经济的不同要素进行细致审视，然后汇聚于“财经版”这面旗帜之下，相互碰撞，彼此激荡，力求在市场经济转型升级的关键时期留下最新鲜的“中国印记”。

这些经济与管理领域的中青年学者，就是我国市场经济发展的潜力与优势，他们的研究成果，不仅将引领市场经济的各个组成环节向更科学、更先进的方向发展，而且将成为我国政府和企业在未来经济世界扮演更重要角色的支点与动力。祝愿这些中青年学者能攀上更高的学术之山，走向更远的研究之路，也期待宏观、中观、微观各个层面的市场参与者都能从这套文库中得到切实的启发与指引，在全面深化改革、增强发展活力的关键时期，发挥正能量和积极作用，为经济社会发展增添新的动力！

如果您认可，如果您有意愿，欢迎您和您的朋友加盟我们的作者队伍！在中国财经出版传媒集团的“旗舰”下，中国财政经济出版社这“老字号”，一定励精图治，谱写新的篇章。我们用“龙的精神，玉的品质”来助力您实现梦想！

**策划人：樊清玉**

邮箱：qingyuf@ sina. com

2017 年春

随着经济全球化和贸易自由化的加剧，作为贸易救济调查主要形式的反倾销政策在世界各国运用越来越多。由于反倾销政策的影响范围较广，其相关问题的研究成为贸易、产业等多个领域学者们关注的热点。反倾销政策效果评估问题就是其中的关键问题之一。然而，目前关于反倾销政策效果量化评估方法的研究还比较缺乏，需要进行深入研究。

本书基于政策效果评估视角，从反倾销政策的实施目的出发，运用文献研究、实地调查研究、理论研究和经济计量等研究方法，界定了反倾销政策效果的内涵，系统研究了反倾销政策作用的原理及其传导机制，然后在对反倾销政策效果评估基础理论分析的基础上，结合公共政策效果评估方法，研究设计了反倾销政策企业层面效果评估的 ECM（Experiment

Comparative Method）方法和产业层面效果评估的 ICACM（Industry Counter－factual and Actual Condition Comparative Method）方法，并利用化工行业涉案企业微观数据和 L 产业数据分别对评估方法进行了实证研究。本书的主要研究内容如下：

第一，基于为反倾销调查机关、企业、行业协会提供决策支持和工作指导依据的实践需求，通过对反倾销政策一定程度上属于产业政策工具的实质剖析，界定反倾销政策效果的内涵为反倾销政策企业层面和产业层面的综合效果；利用动态两阶段非完全竞争博弈模型和修正 MO 模型分别对涉案企业在反倾销政策影响下的生产决策行为和管理创新实施行为进行了理论分析，得出了反倾销政策实施对企业行为调整具有显著影响的结论；反倾销政策在企业层面的作用效果通过市场机制以及各种经济技术联系通道在产业间进行传导与整合，表现为反倾销政策产业层面的影响效果。

第二，基于反倾销政策效果评估的理论与实践，对反倾销政策效果评估的目标、原则、对象、评估指标的选取原则和指标体系的构建、评估方法设计原则等评估基础理论进行了分析。根据反倾销政策对涉案企业作用的原理分析，选取反映企业效率改善的全要素生产率（TFP）作为反倾销政策企业层面效果评估指标；根据反倾销政策对产业影响的复杂性特点，在已有学者研究的基础上，构建了包含 11 个指标的反倾销政策产业层面效果评估指标体系。

第三，结合公共政策评估方法和反倾销政策对涉案企业影响具有“准自然实验”的特点，设计了反倾销政策企业层面效果评估的 ECM 方法，深入探讨分析了该方法应用的三个关键步骤。确定 ECM 方法的对照组时，为了保证对照组企业选取的随机性，采用倾向得分法（PSM）构建了 Logistic 模型；采用 C－D 生产函数法对实验组企业和对照组企业的全要素生产率进行了估算；根据计量经济学中政策效果综合评价的差分原理及反倾销政策的作用特点，构建了反倾销政策企业层面效果评估的双重差分模型（DID）。

第四，结合公共政策效果评估的“政策有——无对比分析法”和反倾销政策产业层面的作用特点，设计了用于评估反倾销政策产业层面效果的ICACM方法，详尽分析了该方法应用的四个关键步骤。首先，采用层次分析法和因子分析法对评估指标进行了组合赋权，给出了产业发展状态综合评估值不同精度要求下的计算方法；其次，利用时间序列分析等预测方法对各评估指标的趋向线进行了确定；再次，运用“商业贸易政策分析系统”即COMPAS模型对反倾销政策产业层面效果的评估标准即产业损害幅度进行了计算；最后，根据计算出的评估标准对反倾销政策产业层面的效果进行了评估。

第五，利用化工行业有关涉案企业数据和产业数据分别对ECM评估方法和ICACM评估方法对反倾销政策企业层面效果和产业层面效果进行了实证研究，验证了方法的可行性和科学性，实证研究结果表明反倾销政策效果显著。

陈振凤

2017年11月

# 第1章 绪　论

## 1.1　研究背景及问题的提出

### 1.1.1　研究背景

随着经济全球化和贸易自由化的加剧，世界各国（地区）在经济贸易领域联系的广度和深度都呈现出空前的状态。但与此同时，各国家或地区间的贸易摩擦也愈演愈烈，其表现形式也逐渐由传统的关税和配额转变为反倾销、反补贴、保障措施、技术性贸易壁垒、知识产权等符合世界贸易组织（WTO）规则的形式。其中，反倾销、反补贴和保障措施等贸易救济措施是各国家或地区近年来运用较广泛的贸易壁垒手段之一。据 WTO 统计资料可知，1995—2010 年，全球共发起 3782 起反倾销调查案件，平均每年 236.4 起。与反补贴和保障措施相比，反倾销具有保护隐蔽性和实施主观性强等特点，是目前全球贸易救济调查的主要形式，如图 1.1 所示。

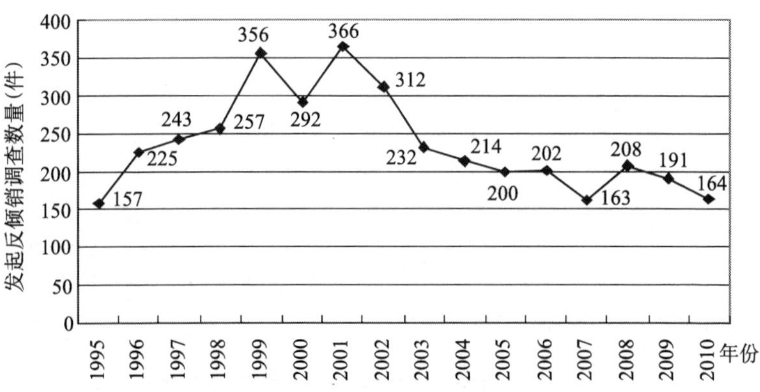


**图 1.1　1995—2010 年全球发起反倾销调查案件的数量趋势图**

资料来源：由 WTO 历年反倾销统计报告整理获得。

根据图 1.1，我们可以把全球反倾销的发展历史划分为三个阶段。第一阶段为 1995—1998 年，反倾销调查案件数量呈现上升趋势，这一阶段由于世界经济一体化和 WTO 倡导的贸易自由化的影响，各国关税和配额等不断下降，为了保护国内产业的发展，各国家或地区频繁采用反倾销措施，导致了反倾销调查案件数量的不断增加。第二阶段为 1999—2002 年，反倾销调查案件数量呈现激增状态，也是全球反倾销调查发起的高峰期，2001 年达到最高点，这四年年均立案 332 起。造成这种局面的主要原因之一是 1998 年的亚洲金融危机，国际经济形势恶化，各国家或地区为了保护本国经济纷纷发起反倾销调查。另外，随着各国反倾销立法的逐步完善，采取反倾销措施的国家范围不断扩大，许多国家尤其是发展中国家开始了对传统反倾销发起国的报复，这也是导致反倾销调查案件数量增多的较重要原因之一。第三阶段为2003—2010年，全球反倾销调查案件数量呈现下降趋势，2007年达到了最低点，2008年又出现了上升。2003年以来，世界各国纷纷面临反倾销报复的威胁，于是传统的反倾销发起国如美国等不约而同地减少了调查的数量。然而，由于2008年美国次贷危机引发了全球金融危机，对全球经济产生的破坏力不亚于1998年的亚洲金融危机，各国潜在的贸易保护主义倾向致使反倾销调查案件数量又呈现上升趋势。

纵观贸易摩擦历史，贸易摩擦与国际经济形势的变化相吻合。一般情况下，国际经济形势较好的时期，贸易摩擦相对较少，反之就会增加。因此，尽管目前全球反倾销发起调查案件数量总体呈现下降趋势，但是随着2008年全球金融危机的影响逐渐趋于平稳，各国家或地区会大力寻求经济的恢复与发展。此时正是各国家或地区企业寻求政府保护本国或本地区产业的关键时期，必然会出现贸易摩擦高发期，从而引发新一轮的贸易保护。

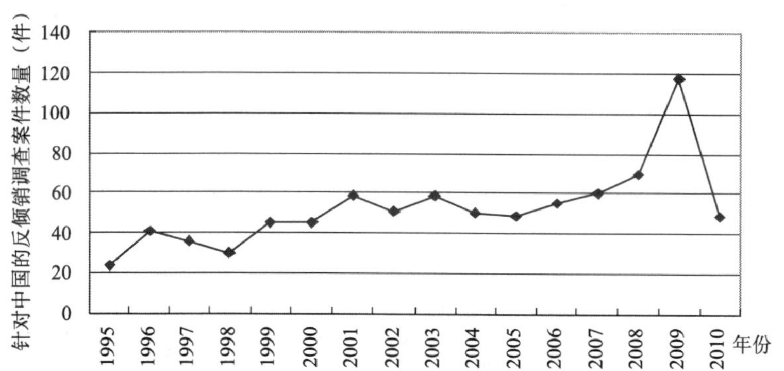


**图1.2　1995—2010年我国遭受反倾销调查的案件数量趋势图**

资料来源：根据中国贸易救济信息网数据整理获得。

然而由图1.2可知，我国遭受的反倾销调查数量与世界反倾销整体趋势不同，一直呈现持续上升的态势，2009年达到最高点。这与我国经济的迅速崛起，综合国力的大大增强，进出口贸易额连续多年的大幅度增长，以及我国与世界主要发达国家间意识形态的差异相关联的。并且，随着国内市场的逐步开放，国外企业迅速涌入中国市场，利用技术等优势挤压我国的民族产业。因此，我国面临的贸易摩擦形势仍然十分严峻，特别是在当前金融危机可能进一步深化的情况下，要善于运用 WTO 相关规则，维护公平的竞争秩序，保护国内产业的发展。

我国于 1997 年正式发布《中国反倾销条例》，并于本年 12 月发起了对原产于加拿大、韩国和美国进口新闻纸的第一起反倾销调查案件。截至 2010 年 12 月底，中国共发起反倾销调查案件 66 起，按国别标准统计为 190 起。据图 1.3，我国发起反倾销调查较多的阶段是 2001—2006 年，2002 年达到了峰值点。并且，由于 2008 年金融危机的影响，全球发起数量增加，与此相对应，我国自 2008 以来，发起反倾销调查案件的数量也开始呈现急剧上升趋势，如图 1.3 所示。



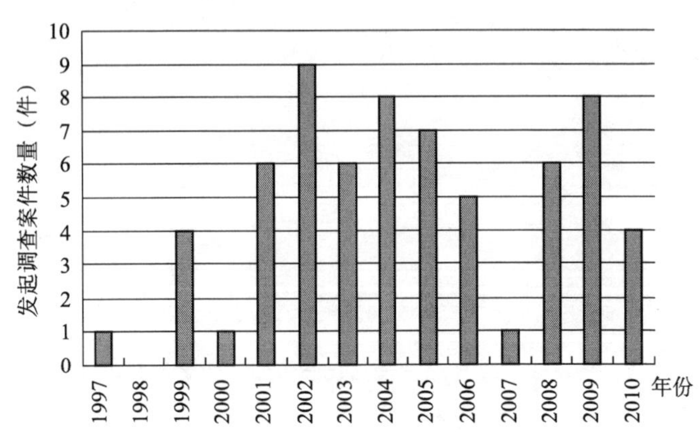


**图 1.3　1997—2010 我国发起反倾销调查案件数量统计图**

资料来源：根据中国贸易救济信息网数据整理获得。

我国采取反倾销措施的历史不长，仅有十几个年头，立案数量相对传统反倾销申诉大国来说，明显不足。尽管如此，我国的反倾销政策也取得了一定的成效。首先，有效地抑制了国外商品的倾销行为，限制了涉案产品的进口量，维护了我国正常的市场竞争秩序。其次，我国反倾销政策的实施保护了国内产业的正当利益，使国内产业获得了恢复和发展的机会，并且促进了我国产业结构的调整和技术创新。最后，反倾销政策的实施对增加就业、提高工人工资等福利待遇方面产生了积极影响，有利于社会的稳定发展。

### 1.1.2 我国反倾销政策效果评估现状及存在的问题

就目前的反倾销效果评估研究及实践来看，主要表现出以下特点：第一，学术界对反倾销政策效果评估理论研究越来越重视，其研究结论呈现多元化趋势，已逐步成为公共政策、产业政策、国际贸易等多个领域关注的问题；第二，反倾销政策效果评估实践中，评估主体主要是高校等研究机构和涉案产品行业协会，评估方法多样化，评估过程比较注重数据。

总体上看，我国商务部调查机关主持的某些案例反倾销救济效果评估工作达到了预期目的，调查机关从而对反倾销措施的实施效果获得了全面的认识。但是，由于反倾销政策效果评估理论研究不足，实践经验缺乏，因而仍然存在一些问题：第一，由于反倾销调查机关所作的评估是基于反倾销案例角度进行的，很难对反倾销政策产业层面和企业层面的实施效果做出全面的评价与认识；第二，由于反倾销是针对具体产品实施的，因此其评估所需数据获取的难度较大，并且口径很难统一，难免会对已有评估结果产生影响；第三，由于企业微观数据属于商业秘密，较难获取，因此目前缺乏对企业微观层面的反倾销政策效果评估，无法就反倾销对企业的影响效果做出客观而科学的量化评估研究，这样，当反倾销涉案企业面临倾销损害时，就不能很好地为反倾销涉案企业作出正确的申诉决策提供有力支持，对行业协会在组织或指导涉案企业提起反倾销申诉方面无法提供有力的证据；第四，由于产业层面数据综合性较强，并且评估指标容易受其他非反倾销因素的影响，数据处理存在难度，因此关于反倾销政策产业层面影响效果评估实证研究成果较少，这使得反倾销调查机关在进行反倾销终裁决策以及政策制定时缺乏有力的决策依据；第五，反倾销政策效果评估方法还需要进一步完善，缺乏基于政策角度和同一主线的评估方法。

## 1.2 研究意义及课题支持

据商务部统计资料可知，1997—2010 年，我国共发起调查 66 起，涉案产品 63 种；对 49 起反倾销案做出肯定性裁决，加征反倾销税；终止调查 9 起。涉案行业包括化工、钢铁、造纸、机械、纺织、医药、农业等。随着反倾销案件的增多，反倾销政策实施效果究竟如何成为目前亟须研究的问题。一方面由于反倾销涉案行业范围较广，企业众多，反倾销调查机关无法进行有效的跟踪评估，不能就反倾销政策的实施对国内企业和产业产生了哪些利益以及是否实现了预期的效果等政策后问题给出合理而确定的答案，这使得相关企业和行业协会在反倾销申诉决策方面和反倾销调查机关未来反倾销政策的制定方面缺乏理论和实践依据的指导。另一方面，随着时间的推移，许多反倾销案件陆续面临日落复审。关于终止反倾销税还是继续征收的政策选择也需要对反倾销政策的实施效果进行全面的综合评估。于是，自 2007 年以来，反倾销调查机关对以往的反倾销案件开展了反倾销政策实施效果的评估工作。尽管取得了一些成效，但是由于评估理论以及评估方法和技术的限制，评估效果并不是很理想，难以得出合理科学的评估结论。

因此，关于反倾销政策实施效果评估的研究具有很强的理论和实践意义。理论方面，关于反倾销政策效果评估的研究在理论界仍属起步阶段。目前大多数反倾销方面的理论研究主要针对反倾销政策实施之前的决策阶段，对于反倾销措施实施之后的效果评估工作，缺乏足够的重视，有影响力的研究成果较少。另外，对于反倾销政策效果的理解，理论界还缺乏一致的认识。因此，对于反倾销政策的作用原理、反倾销政策效果的内涵、反倾销政策效果的量化评估方法以及评估标准的确定等理论问题的研究还需要进一步深化与补充。从实践角度来讲，由于反倾销措施在各利益相关主体上会产生方方面面的影响，但从反倾销政策保护国内产业的实施目的来看，其研究的实践意义主要包括以下方面：首先，作为反倾销政策制定的我国反倾销调查机关来说，对反倾销政策产业层面的实施效果进行评估是解决其自身实际问题的必然要求。反倾销调查机关亟须总结办案经验，对反倾销政策的实施效果进行把握，以更好地指导未来反倾销实践工作，能够为陆续到期案件的日落复审寻求决策依据。其次，作为反倾销直接当事人的企业，当国外产品在国内市场上进行倾销并形成损害时，对反倾销政策企业层面的实施效果进行评估能够为企业作出正确的申诉决策提供有力支持，以便积极的维护我国进口竞争企业的正当利益。再次，作为整个行业利益代表的行业协会，对行业的了解程度比政府和单个企业都高，是政府和企业联系和沟通的桥梁，对反倾销政策企业层面和产业层面的实施效果进行评估能够使行业协会在为政府决策提供支持，为企业提供行业指导中提供重要依据。

可见，目前理论上对于反倾销政策实施效果评估方法的研究已远远不能满足反倾销实践发展的需求。因此，对反倾销政策实施效果展开评估进行科学的评估以及从政策评估角度设计反倾销政策效果评估方法，为反倾销调查机关、涉案企业、行业协会的实践工作提供决策支持和理论指导是非常必要的。

本研究获得了国家自然科学基金项目“中国反倾销政策实施效果评估体系与方法研究”（70873007）和教育部人文社科项目“反倾销政策产业救济效果评估方法及应用研究”（10YJC630026）的支持，属于其部分成果。

## 1.3 研究思路及结构安排

本书从进口国实施反倾销政策抑制不公平进口，保护国内产业，以及为政府、企业和行业协会提供决策支持的目的出发，在对反倾销政策效果的内涵进行界定的基础上，基于企业理论、产业政策理论、公共政策理论、价格传递理论，运用博弈论的方法对反倾销政策作用的原理及传导机制进行了理论分析，然后针对目前反倾销政策实施效果评估中存在的理论和方法等问题，根据一般政策效果评估原理和反倾销政策的特性，研究设计了反倾销政策效果评估的 ECM 法和 ICACM 法，并基于企业层面数据利用倾向得分法以及计量经济学方法构建计量模型对反倾销政策企业层面的效果进行了评估研究；基于产业层面数据利用时间序列预测等方法以及各评估指标之间的钩稽关系确定评估指标预测的趋向线，对反倾销产业层面的影响效果评估进行了研究。最后得出本书结论，并指出未来进一步研究的方向。

本书的基本研究思路图如图1.4所示。

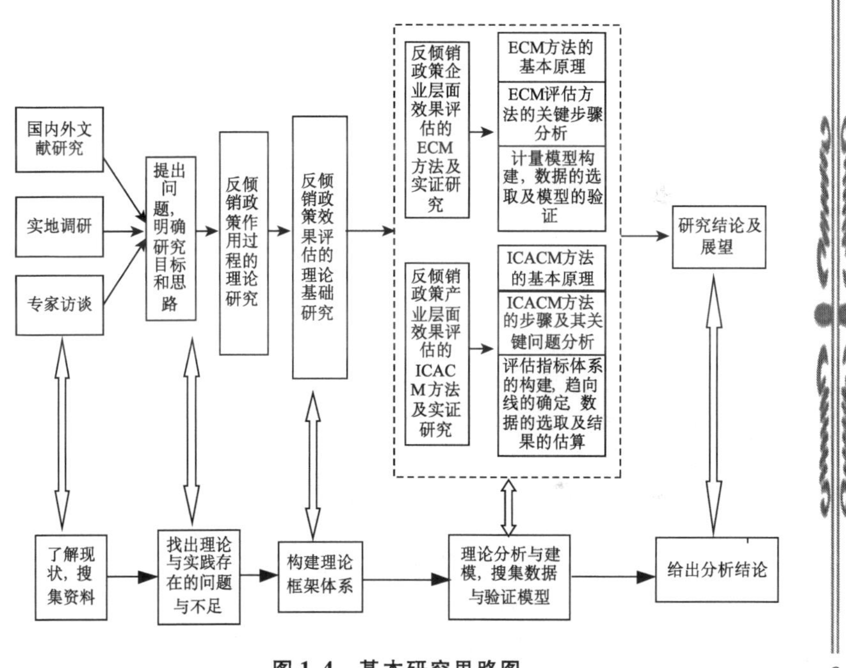


**图1.4　基本研究思路图**



本书的研究内容共分为七章，每章的具体内容安排如下：

第1章　绪论

本章主要介绍本书的研究背景、研究意义，界定本书相关概念，提出本书的研究思路和主要创新点，构建本书的整体框架。

第2章　理论基础与文献综述

本章首先对本书研究所基于的基础理论如企业理论、产业政策理论、倾销与产业损害理论、反倾销与产业保护理论进行了介绍，然后对国内外的反倾销相关研究成果以及政策效果评估方法研究相关文献进行系统梳理、归纳和总结，指出了目前反倾销政策效果评估研究有待于完善和丰富的地方。

第 3 章　反倾销政策作用的原理及其传导机制研究

本章首先对反倾销的调查程序进行了归纳整理，梳理了反倾销政策的作用过程。然后，通过理论分析指出反倾销政策主要是通过市场机制中的价格机制以及管理创新激励机制发挥作用以实现产业保护目的，同时，指出反倾销政策影响效果产生的根源在于其对企业行为的影响，利用经济博弈论的理论对反倾销政策作用下的企业生产决策行为和管理创新实施行为进行了研究。最后，对反倾销政策企业层面的影响效果如何在产业层面进行传递与整合的传导机制进行了剖析。

第 4 章　反倾销政策效果评估的理论基础研究

本章首先对反倾销政策效果评估目标、评估原则和评估对象进行了分析与界定；然后，对反倾销政策企业层面效果评估指标和产业层面效果评估指标体系的选取原则及其选取与构建进行了理论分析；最后，在分析一般政策效果评估方法的基础上，给出了反倾销政策效果评估方法设计的原则。



第 5 章　反倾销政策效果评估的 ECM 方法及实证研究：企业层面

本章研究设计了评估反倾销政策企业层面效果的 ECM 方法。阐释了方法的基本原理，指出了该方法应用过程中的三个关键步骤，并依次对三个关键步骤进行了详尽的分析，最后利用化工行业涉案企业的具体数据对该方法进行了实证研究。本章的创新之处在于根据反倾销政策的“准自然实验”特点，研究了一种基于企业层面评估反倾销政策实施效果的定量方法。

第 6 章　反倾销政策效果评估的 ICACM 方法及实证研究：产业层面

本章研究设计了评估反倾销政策产业层面效果的 ICACM 方法。阐释了方法的原理，指出了应用过程中需要解决的关键问题，并依次对方法应用的四个关键步骤进行了详细分析。采用层次分析法和因子分析法对各指标进行了组合赋权；给出了产业发展状态综合评估值的计算方法；对各评估指标趋向线确定的过程以及政策效果的估算进行了详尽分析；运用 COMPAS 模型确定了反倾销政策效果的评估标准。最后，以所调研的 L 产业为例对方法进行了实证研究。

第 7 章 结论与展望

本章主要对本书的研究结论进行总结，并对本书研究的不足和未来研究的方向进行探讨。

根据本书的研究思路及相关具体内容，在研究过程中力求实现多学科交叉、多理论交叉和多方法交叉，综合运用企业理论、产业理论、贸易理论、公共政策理论、价格传递理论等，坚持规范分析和实证分析相结合、定性分析和定量分析相结合。在分析工具上，综合运用实地调研、文献研究法、归纳法、数理统计、微分方程等。



## 1.4 本研究的创新点

本书紧密围绕反倾销政策效果评估方法这一主题，从政策效果评估的视角展开研究，具体的创新点主要包括：

第一，本书研究设计了反倾销政策企业层面效果评估的 ECM（Experiment Comparative Method）量化方法。根据公共政策效果评估原理和反倾销政策对涉案企业作用具有“准自然实验”的特点，对 ECM 方法模型进行了构建。ECM 评估方法模型的构建是多种方法模型综合运用的过程。为了有效控制对照组企业选取的“自选择偏差”和“政府选择偏差”，保证其选取的随机性程度，运用倾向得分法（PSM）构建了 Logistic 模型；根据反倾销政策对涉案企业综合影响的理论分析选取了涉案企业的全要素生产率作为反倾销政策企业层面效果的评估指标，运用 C—D 生产函数法对实验组和对照组企业全要素生产率进行了估算；根据计量经济学政策效果评价的差分原理，构建了反倾销政策企业层面效果评估的双重差分模型（DID）。最后，给出了 ECM 方法的综合计算步骤表，完成了 ECM 评估方法的详细设计过程。

第二，本书根据公共政策效果评估的“政策有——无对比分析法”和反倾销政策对涉案产业的作用特点，研究设计了反倾销政策产业层面效果量化评估的 ICACM（Industry Counter－factual and Actual Condition Comparative Method）方法，丰富了反倾销政策产业层面效果量化评估理论。根据 WTO《反倾销协议》规定、我国《反倾销条例》以及相关学者的研究，构建了包含 11 个指标的反倾销产业层面效果评估指标体系；运用层次分析法和因子分析法对评估指标体系进行了组合赋权；给出了产业状态综合评估值不同精度要求下的计算方法；运用时间序列分析等组合预测方法对各评估指标趋向线进行了确定；并运用 COMPAS 模型确定了产业层面效果评估标准。最后，给出了反倾销政策产业层面效果评估 ICACM 方法的综合计算步骤表，完成了对 ICACM 评估方法的详细设计。

第三，本书利用化工行业涉案企业微观数据对 ECM 评估方法进行了实证研究，得出了反倾销政策显著改善涉案企业全要素生产率的结论；利用对 L 化工产品产业调研的相关数据对 ICACM 方法进行了实证研究，ICACM 方法的实证研究结果表明反倾销政策的实施有效的弥补了产业损害，使产业获得了发展，实现了预期的产业救济目的。

# 1.5 相关概念的界定

概念是分析的工具，是研究立论的基础。因此，本书在进行深入研究之前，首先对相关概念做出具体的分析与界定。

## 1.5.1 企业和产业

(1) 企业

企业是现代市场经济中最重要的细胞，是经济学和管理学研究的重要对象。企业理论的研究历史源远流长，在亚当·斯密的《国富论》中就进行了大量的研究。新古典经济学理论认为企业是一个外生给定的、追求利润最大化的生产函数 Y = f（X），片面地关注企业的生产性。以科斯（Coase）为代表的现代企业契约理论认为企业是为了节约交易成本而对市场替代的契约组织，片面地关注企业的交易性；企业能力理论认为企业是知识与能力的集合体，员工的受教育程度越高，知识性人力资本越丰富，其创新程度就越高[1]；动态企业理论认为企业的首要功能是生产，其次才是为了节约交易费用，将企业界定为基于创新的由动态能力驱动的自我演进的社会经济组织。

总之，企业的概念是不断动态演进的，但是生产性和交易性是其普遍性的基本特征，并且，生产是由企业的技术关系决定的，交易则由企业的制度关系决定。因此，本书将企业界定为是由生产、交易、技术和制度四个相互关联的基本构成要素构成的动态发展的国民经济系统基本组织单元。其结构模型（王国顺等，2005）[2]如图 1.5 所示。

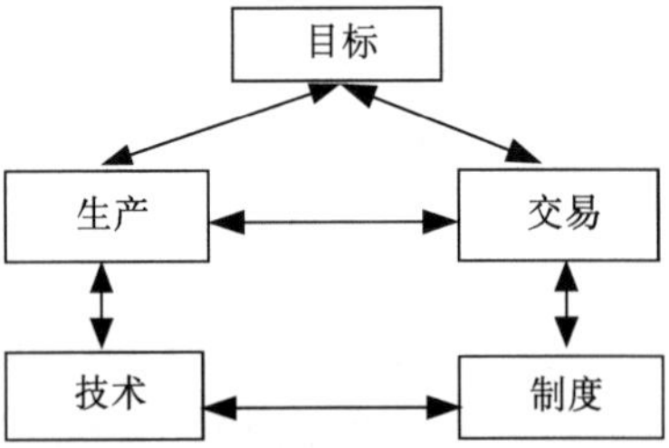

**图 1.5　企业结构模型图**

（2）产业

产业，是社会分工的产物、是社会生产力发展的必然结果、是具有某种同类属性的经济活动的集合。在英文中，产业（Industry）既可以指工业，又可以泛指国民经济中的各个具体产业部门，如农业、工业、服务业，或者更具体的行业部门，如钢铁业、纺织业、食品业、造船业等。在产业经济学的研究领域，产业一词实际上是“居于微观经济细胞（企业）与宏观经济单位（国民经济）之间的一个‘集合概念’，是具有某种共同功能和经济活动特点的企业集合，又是国民经济以某一个标准划分的部分”。产业组织理论中的“产业”是指生产同类有密切替代关系产品的厂商在同一市场上的集合。

反倾销条例中将国内产业概念描述如下：国内产业是指进口国国内同类产品的全部生产者，或者其总产量占国内同类产品全部总产量的主要部分的生产者。但是，国内生产者与出口经营者或者进口经营者有关联的，或者其本身为倾销进口产品的进口经营者的，可以排除在国内产业之外。在特殊情形下，国内一个区域市场中的生产者，在该市场中销售其全部或者几乎全部的同类产品，并且该市场中同类产品的需求主要不是由国内其他地方的生产者供给的，可以视为一个单独产业。

综上所述，由于反倾销政策的直接作用对象是产品，因此，本书所论及的产业概念是一个集合的概念，是指生产同类涉案产品的企业所组成的集合。

### 1.5.2　反倾销政策

在界定反倾销政策概念之前，首先分析政策的含义。政策是政府、机构、组织或个人为实现目标而订立的计划，是一系列路线、方针、战略、计划、规划、方案、项目、法令、条例、措施、办法等的总称。政策包含一连串经过规划和有组织的行动或活动。政策是为了避免组织预见到的负面情况发生，或是为谋求某些利益而制订的。

反倾销政策是政府为了保护国内进口竞争产业免于遭受外来倾销产品的损害而制定的一系列法律、条例、措施和办法等的总称。这是对反倾销政策概念广义的理解，内容非常宽泛。而狭义的反倾销政策概念仅指政府对外来倾销产品征收的反倾销税、价格承诺等措施，目的是通过这些手段将进口价格与国际市场拉平，从而保护国内进口竞争产业和企业。本书是基于反倾销政策的狭义概念，仅就征收反倾销税或价格承诺这一政策对企业和产业的影响效果给予评估研究。

### 1.5.3　反倾销政策效果的内涵

反倾销政策通过救济贸易的手段达到保护产业的目的。因此，一定程度上可以说反倾销政策是披着贸易政策“外衣”的产业政策。从反倾销政策的作用过程来看，反倾销政策首先作用的对象是产品，但产品属于无行为主体，随之，反倾销政策的影响通过市场的价格机制传递到企业。企业是行为主体，是反倾销的直接当事人，反倾销政策的实施直接影响到涉案企业的利益，因此企业会根据反倾销政策的影响适时地做出行为调整，可见，反倾销政策的实施效果很大程度上取决于企业对反倾销政策影响的行为反应程度。而产业是一系列生产相同产品的企业的组合，并且产业属于无行为主体，因此，反倾销政策产业层面的效果实质上也取决于该产业内相关涉案企业对反倾销政策的行为反应，反倾销政策的产业救济效果可以说是产业内相关企业对反倾销政策影响的行为反应的综合显现。所以，基于反倾销政策救济产业的实施目的，根据反倾销政策作用过程的分析，将反倾销政策效果的内涵界定为反倾销政策企业层面和产业层面两个层次的效果，前者是后者的源泉，后者是前者在国民经济系统其他多种因素影响下的综合表现，两者共同构成反倾销政策的实施效果。基于此反倾销政策效果内涵的分析，对反倾销政策效果进行评估会更加全面而深入。反倾销政策效果内涵如图 1.6 所示。

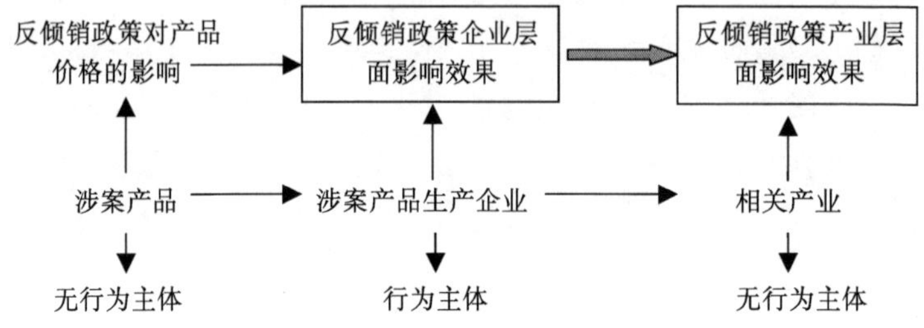


**图 1.6　反倾销政策效果内涵示意图**

### 1.5.4　反倾销的相关术语

由于反倾销涉及政治、经济、法律、贸易、政策等多个领域，许多专门术语概念是由法律条文明确规定的，并且与人们通常的理解有所不同。为避免产生理解上的偏差，对本书所涉及的一些反倾销相关术语加以解释说明。

(1) 倾销

如果进口产品在正常贸易过程中以低于其正常价值的出口价格进入在进口国市场销售，则该产品被视为倾销。

(2) 同类产品

与倾销进口产品相同或相似的产品，没有相同或相似产品的，以与倾销进口产品的特性极为相似的产品为同类产品。

(3) 正常价值

一般情况下，正常价值通常是指被控倾销产品在国内供消费的同类产品的可比价格；如果没有或无法获得或者不能进行公平比较的可比价格，以该同类产品出口到一个适当第三国（地区）的可比价格或者以该同类产品在原产国（地区）的生产成本加合理费用、利润为正常价值；第三种情况是利用结构价格确定正常价值即原产国国内生产成本加上合理数量的管理费、销售费、其他成本和利润。

(4) 倾销幅度

进口产品的出口价格与其正常价值之间的差异即为倾销幅度。计算公式为：倾销幅度 = （正常价值 − 出口价格）/出口价格

(5) 产业损害

进口产品的倾销行为对已经建立的国内产业造成实质性损害或者产生实质性损害威胁，或者对建立国内产业造成实质性阻碍。

(6) 因果关系

进口国国内相同或相似产品产业的损害主要源于进口产品倾销行为，进而推定倾销和产业损害之间存在因果关系。

(7) 价格承诺

在反倾销调查期间进口倾销产品的出口经营者，可以向进口

国调查机关作出改变价格或者停止以倾销价格出口的价格承诺。

(8) 临时反倾销措施

为防止倾销在调查期间对国内产业造成进一步损害，进口国调查机关初裁时对反倾销调查对象国企业采取的临时征税、征收保证金或要求保函的措施。

(9) 日落复审

指征收产品反倾销税 5 年期满进行的行政复审，又称期满复审。日落复审将决定反倾销是继续生效、延伸和提高税率还是终止。

# 第2章 理论基础及相关文献综述

反倾销政策实施的前提是存在倾销，并且进口产品的倾销行为导致了产业损害。因此，在对反倾销政策效果评估问题进行深入探讨之前，首先需要明确倾销与产业损害、反倾销政策与产业保护的相关理论，其次需要对反倾销政策影响评估的国内外相关研究成果进行综述，以寻求研究的切入点。



## 2.1　倾销与产业损害理论

### 2.1.1　倾销

追本溯源，亚当·斯密 1776 年在其著作《国富论》中将当时各国允许对出口实行官方奖励的习惯做法称之为倾销，实际上这与我们现代的补贴概念更为接近。但是直到 1923 年，美国贸易学家 Jacob Viner 出版了《倾销——

国际贸易中的一个问题》（Dumping：a Problem in International Trade）一书，首次对倾销问题进行了较系统的经济学理论分析（雅各布·瓦伊纳，2003）[3]，这标志着倾销与反倾销理论研究的开始。在书中，雅各布·瓦伊纳将倾销定义为“同一种产品在不同国家市场上的价格歧视”。现代的倾销概念正是在雅各布·瓦伊纳“倾销”定义基础上发展起来的。

1994 年 WTO《反倾销协议》将“倾销”定义为：如果产品从一国出口到另一国的出口价格，低于在正常贸易过程中出口国供消费的同类产品的可比价格，也就是以低于正常价值的价格在另一国市场销售，则该产品即被认定为倾销。自此以后，世界各国都依据 WTO 关于“倾销”的定义进行了反倾销立法。而在反倾销实践中，各国确定倾销的方法主要是：根据公平贸易的原则，将商品的出口价格与其正常价值进行比较，如果商品的出口价格低于其正常价值，就认定该商品销售存在倾销，反之，即判定不存在倾销。

倾销是一种经济活动现象，可以分为价格倾销和成本倾销。倾销行为是与市场经济的公平竞争原则相违背的。因为进口商通过低价倾销实现进入、占有、保持和扩大国际市场的目的，而倾销商品或低于本国价格或低于成本的价格，并非源于其技术改进、生产效率提高或竞争力加强。



### 2.1.2 产业损害理论

然而，存在倾销并不一定被进口国采取反倾销措施，关键要看倾销是否对进口国国内产业产生了损害。因为，根据 WTO《反倾销协议》有关条款的规定，各成员国在采取反倾销措施时必须具备三个基本条件：倾销存在的事实、实质性损害以及两者之间的因果关系。其中产业损害的测度以及与倾销因果关系的验证是反倾销政策实施的前提。

产业损害这个概念最早出现在美国的 1921 年反倾销法中。此后，1947 年的《关税与贸易总协定》和 1994 年的 WTO《反倾销协议》都沿用了这一概念。WTO《反倾销协议》将产业损害定义为："对进口国领土内已经确立的某项产业造成严重损害或严重损害的威胁，或对该国某一国内产业的兴建产生严重阻碍"。世界各国根据该定义确定了各自反倾销立法中的产业损害概念。

倾销是产业损害的主要原因之一。小规模的倾销对进口国竞争性产业并不构成实质性威胁，而大规模的倾销则会给企业和产业产生极大的损害，主要表现为：

（1）对进口国同类产品的生产企业和有关产业造成直接损害。国外商品的大量倾销，可以对进口国相关产品生产企业产生直接冲击，甚至挤垮。倾销商品具有低廉的价格，这直接影响到进口国消费者的消费计划，进口国同类产品可能会失去销路，企业市场萎缩，利润下降、工人失业甚至部分企业倒闭，面临生存的威胁。

（2）对进口国处于倾销商品生产企业和产业的上下游企业和产业产生潜在损害。以倾销商品的下游产业，由于倾销商品的低价而诱导其扩张生产规模，然而一旦倾销停止，该产业将无法维持扩大后的规模继续生产，难免会造成资源配置的损失。

（3）倾销对进口国相似产品生产企业和产业产生阻碍发展的不良影响。虽然进口国生产相似产品的企业和产业仍然保持不变的市场份额，但是相似进口产品的倾销对其产生了实质性的威胁，使其失去了可能增长的市场潜力。

WTO《反倾销协议》规定实质性产业损害的确定应根据确实的证据做出，主要从以下三方面进行客观审查：①进口的倾销产品数量；②进口的倾销产品对国内市场相同产品价格造成的影响；③进口的倾销产品对国内相同产品生产商造成的冲击和影响程度。可见，WTO对产业损害的确定是比较笼统的，缺乏可操作性。各国在确定产业损害的反倾销实践中所考察的主要因素一般包括：倾销的进口产品是否以极大增长速度进入进口国国内市场；出口商是否具备能够充分自由使用的大量出口增长的能力；倾销进口产品是否会对进口国国内生产企业带来重大的抑制性；受调查产品的库存情况。在审查倾销的进口产品对进口国国内产业的冲击程度时，对一切与进口国国内产业发展现状相关的经济因素和经济指标都要进行评估，主要包括销售量、市场份额、生产能力、产量、利润、投资效益、生产设备的利用率、国内价格的影响因素，倾销幅度以及对现金流量、库存、就业、工资、增长率、筹措资金或者投资能力等方面产生的实际或潜在的一切负面影响等。



综上，大规模的倾销对一国产业具有很强的破坏性，是构成产业损害的主要原因。为防止不公平竞争的发生，保障国内企业和产业的生存条件，政府需要进行产业损害调查，并在此基础上，测算出产业损害幅度，采取征收反倾销税等措施来弥补因进口商品倾销所导致的产业损害，并在反倾销税的征收额度中考虑对产业损害的补偿，平衡倾销对国内产业造成的损害，从而为企业和产业创造公平竞争的生存和发展环境。

## 2.2 反倾销政策与产业保护理论

反倾销政策通过对外来进口倾销产品征收反倾销税等措施提高进口产品价格，限制其进口数量，以实现维护公平竞争的市场环境，弥补倾销给国内相关产业带来的损害，保护国内竞争企业和产业的目的。可见，反倾销政策是通过救济贸易的手段达到保护产业的目的。因此，反倾销政策一定程度上可以说是一种披着贸易政策“外衣”的产业政策。其主要作用是弥补市场失灵的缺陷，纠正不公平竞争的行为，为受倾销损害的企业和相关产业提供保护，使受损企业在较短的保护期内实现超常规发展，突破生存困境，更重要的是要增强国际竞争力。

实施反倾销政策的目的是为了使相关企业和产业在反倾销政策实施期满时的生存和发展能力能够获得提高，也就是说，实施保护的最终目的是为了最终不受保护。然而，反倾销政策在减弱外来倾销产品冲击的同时可能会弱化企业及产业的竞争力。可见，反倾销政策是一把双刃剑。保护力度不够，无法弥补产业损害，企业生存条件虽然有所好转但仍旧困难，更不用谈发展。保护过度就会产生受保护的幼稚产业发展缓慢，不利于形成规模经济，企业失去创新的动力，不利于产业的技术进步等一系列不良后果。不但无法提高进口竞争企业的国际竞争力，甚至还会引发更多的贸易摩擦。



根据反倾销政策对企业和产业的影响分析，理论上，我们可以采用反倾销政策保护度与企业或产业生存和发展安全度两个指标来衡量反倾销政策的实施效果。在适度的反倾销政策保护水平下使企业或产业生存和发展安全度达到最高，即为反倾销政策实施效果的最理想状态。对于某一具体的企业或产业来说，衡量反倾销政策实施效果的两个指标之间呈现为一种反抛物线关系。如图 2.1 所示，由 S 纵轴表示企业或产业生存和发展安全度，反倾销政策保护度由横轴 P 表示。当 $P > P^*$，属于保护过度，当 $P < P^*$，属于保护不足，两种情况下反倾销政策效果都欠佳。只有在最佳保护度 $P^*$ 时，企业或产业生存和发展安全度才达到最

高水平，也就是说，反倾销政策实现了最佳效果。

实施反倾销政策带来的收益主要体现在：第一，从短期来看，可以使受损害企业尽快弥补产业损害，改善生存环境，恢复到受倾销冲击前的生产状态。第二，从长期来讲，尽管在反倾销政策实施期内一定程度上会使竞争程度出现暂时降低的情况，甚至会使经济效率也出现降低的情况，但是，如果保护适度，最终必然会促使受损害企业和产业的生产率获得提高，使生产能力上升，增强竞争力，使社会总福利表现为增加，从而实现产业发展，提高国际竞争力的最终目的，如图 2.1 所示。

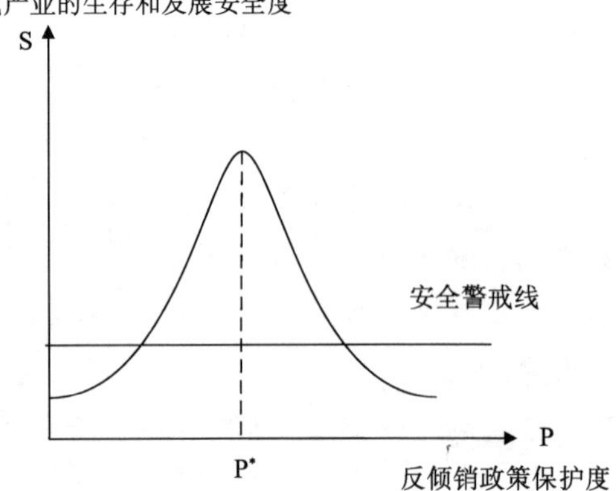


**图 2.1　反倾销政策最佳效果图**

## 2.3　反倾销影响效应评估的相关研究

由于反倾销政策效果包含在反倾销影响效应范围内，因此首先对反倾销影响效应相关研究成果进行综述。从反倾销的实践来看，反倾销产生了一系列的影响，包括对进口贸易的影响、对国内竞争产业的影响、对企业战略行为的影响、对进口国综合福利的影响、对国家间贸易关系的影响以及其他方面的影响。唐宇（2004）[4]对反倾销的影响效应进行了概括研究，指出反倾销对贸易产生直接的贸易限制效应，进而通过间接影响传递到其他方面，产生贸易转移效应、继发性保护效应、投资跨越效应和国家间的报复效应等。

### 2.3.1　反倾销对贸易的影响效应评估研究

反倾销对贸易产生的影响效应主要包括贸易限制效应和贸易转移效应。反倾销作为一种贸易政策，其实施提高了倾销产品的进口价格，减少了涉案国的进口量和进口额，从而产生了贸易限制效应（Trade Destruction）。

Finger J. Michael, H. Keith Hall 和 Douglas R. Nelson (1981)[5], James C. Hartigan, Sreenivas Kamma 和 Philip R. Perry (1989)[6], Lichtenberg, Frank 和 Hong Tan (1990)[7], Harrison 和 Ann (1991)[8]等就反倾销对进口贸易的影响效果进行了早期的研究，但是他们的实证分析都基于较为宽泛的数据，通常是标准工业分类（SCI）四位码行业数据，基于如此宽泛数据的实证研究结果实践指导性较差。

随着实践发展的需求和理论研究的深入，Robert W. Staiger 和 Frank A. Wolak（1994）[9]利用“迄今可能是反倾销研究领域最为复杂的计量经济模型”（Blonigen，Prusa，2001）[10]，以1980—1985 年间美国四位产业代码数据为样本，全面分析了这一时期内美国反倾销的贸易影响效果。计算出肯定性裁决、终止调查、反倾销诉讼撤除三种不同裁决结果使得美国这一时期每年的进口减少额分别为 2536 万美元、2957 万美元、2495 万美元。

综合计算分析的结论显示：这一时期的美国反倾销政策每年限制约1055万美元的进口，给国内产业带来了约713万美元的收益。可见，美国的反倾销政策贸易限制效应非常明显。Thomas J. Prusa（1996，1999）[11][12]利用美国1980—1988年间和1980—1994年间两个时间段的美国反倾销案件数据进行了实证分析，得出了定性和定量两方面的结论。定性结论表明，反倾销措施的贸易破坏效果非常明显，即使最终不征收反倾销税，仍然对目标进口国的进口量产生负面影响，证实了调查效应（harassment effect）的存在；定量方面，在反倾销措施实施的前三年，涉案国对美国的进口大约下降50%—70%，即使否定性的裁决也会使得进口下降15%—20%。可见，反倾销申诉一旦发起，涉案国的贸易进口量都将会受到严重影响，并且反倾销措施实施的过程中目标国的进口贸易量会急剧下降。另外，Bodhisattva Ganguli（2005）[13]、Gunnar Niels（2003）[14]、Hylke Vandenbussche 和 Maurizio Zanardi（2007）[15]分别利用印度、墨西哥等发展中国家的反倾销案件数据资料对反倾销措施的贸易影响效应进行了实证研究。同样得出了反倾销措施对涉案国的贸易具有很好的限制作用，贸易量和贸易额均大幅降低的结论。Hylke Vandenbussche 和 Maurizio Zanardi（2007）[15]甚至指出，对于某些国家来说，反倾销的贸易限制效应几乎抵消了他们从贸易自由化进程中获取的收益。

反倾销除了对涉案国的贸易产生直接影响外，基于国际市场机制的作用，反倾销也会对非涉案国的贸易产生间接影响。反倾销措施的实施会导致非涉案国进口贸易量和贸易额的上升，即产生了贸易转移（Trade Diversion）效应。

Thomas J. Prusa（1996）[11]利用美国1978—1993年的反倾销案例数据，就反倾销对指控对象国、非指控对象国和总体进口贸易的影响进行了回归分析，得出了贸易转移效应存在的结论。Corinne M. Krupp 和 Susan Skeath（2002）[16]的研究也证实了美国反倾销中贸易转移效应的存在。Hylke Vandenbussche，Jozef Konings 和 Linda Springael（2001）[17]利用 1985—1990 年间欧盟的 246 个反倾销调查案件共 9 年的观测数据（立案前 2 年、立案当年和立案后 6 年）进行面板回归分析，发现反倾销的贸易转移效应不如美国显著。Hylke Vandenbussche 等（2005）[18]的研究也表明欧盟反倾销中出现的贸易转移比美国要少，但在一些市场集中度较高的行业，贸易转移的效果足以抵消反倾销措施提供的保护。Andrea Lasagni（2000）[19]研究中发现，倾销指控国数量越多，范围越广，反倾销的贸易转移效应越小，这也是欧盟反倾销措施比美国的贸易转移效果较小的原因之一。Bodhisattva Ganguli（2005）[13]研究了印度 1992—2002 年间 285 个反倾销案件后，指出印度的反倾销措施也存在一定的贸易转移效应，一定程度上会削弱反倾销的保护效果。

但是也有些学者研究指出，反倾销的贸易转移效应并不是绝对发生的，有时甚至会使非涉案国作出减少对发起调查国出口的决策。Gunnar Niels（2003）[14]利用墨西哥 1992—1997 年间 70 起反倾销调查案件数据，对墨西哥反倾销的贸易效果进行了研究，但是没有发现明显的贸易转移效应。Shi Young Lee 和 Sung Hee Jun（2002）[20]分析了美国 1980—1987 年间的反倾销案件后指出，非涉案国不一定在反倾销调查后增加对美国的出口，有时为了避免被反倾销指控甚至会减少出口。另外，有些学者研究指出反倾销转移效应还会产生另外的一种转移方式，即涉案国在被进口国采取了反倾销措施后进而将贸易转向其他国家或地区。如 Chad P. Brown 和 Meredith A. Crowley（2006）[21]经过对欧盟和美国的反倾销案件分析后指出，美国反倾销措施的实施每年使得大约 1/4 至 1/3 的日本出口商品转向欧盟地区，同时，美国向日本出口商品每征收 1% 的反倾销税大概能使得日本向欧盟的出口产品价格下降 0. 616% 。

近几年国内也涌现出了大量关于反倾销贸易影响效应的研究文献。沈瑶、王继柯（2004）[22]以我国丙烯酸酯反倾销案件为例，对其进口贸易数据进行描述性统计研究发现，只针对部分出口国的反倾销措施必然会产生贸易转移效应，一定程度上抵消了贸易保护的效果。并且还指出被起诉对象国的范围越广，贸易转移效应就越小。武新丽、王微等（2005）[23]对丙烯酸酯反倾销案的分析同样为贸易转移效应的存在提供了证据。周蔚（2004）[24]利用海关统计数据，对我国新闻纸、铜版纸反倾销案对进口的影响进行了实证研究，发现反倾销有效抑制了进口数量，提高了进口品价格。但进口量上升、价格下降的情况又会出现反复。其可能是由于出口商或进口商的价格勾结与再次倾销；同时发现，贸易转移效应在新闻纸反倾销案中比较明显。胡麦秀、严明义（2005）[25]从出口国的角度研究了反倾销的贸易限制效应。利用简单竞争模型对反倾销引发的出口国市场转移效应进行了理论分析，同时利用 1992—2003 年的中国彩电出口到欧盟的数据为样本，通过一元回归分析与描述性统计，得出结论：反倾销措施使得中国的彩电对欧盟的出口量大幅下降从而转移到美国等其他地区。

鲍晓华（2007）[26]通过以 1997—2004 年我国反倾销案例海关协调编码制度（HS）八位数税则号的涉案产品细分数据为样本，利用计量模型对反倾销措施对指控对象国和非指控对象国引发的贸易影响进行了实证研究。研究结论包括：反倾销税限制了涉案国的进口贸易，具有“贸易限制效应”；即使是无损害结案的反倾销指控仍然对涉案国的进口贸易有重要影响，具有“调查效应”；涉案国与非涉案国之间存在“贸易转移”效应，并且反倾销税率越高，转移效应越明显；反倾销造成进口产品价格整体的上升，从而控制了进口总量，因此反倾销起到了救济国内产业的作用。张玉卿、杨荣珍（2008）[27]通过对我国 1997—2008 年 6 月间的对外反倾销情况回顾与分析，得出定性的结论：反倾销措施具有明显的贸易救济效果，一般在立案调查当年，被调查产品的进口量和进口份额都会同时下降；反倾销对国内产业生产了显著的救济效果；然而，反倾销的贸易转移效应在一定程度上降低了反倾销税的保护效果。刘玲、刘剑芸（2009）[28]通过计算分析我国若干代表性涉案产品产业的贸易竞争力指数及其变化趋势，对不同产业的反倾销措施贸易救济效果进行判断。得出结论：肯定性裁决更可能产生较好的贸易救济效果，而否定性裁决、撤诉及非常规终止征税等反倾销措施一般不会改善产业的贸易竞争力指数，也就是说不存在所谓的“调查效应”；从行业角度来看，尽管化工产业的反倾销涉案产品较多，但贸易救济效果并不理想，而反倾销措施确实有助于提高纺织、造纸等产业的国际竞争力，对钢铁产业的贸易救济效果则不能确定。

综合分析上述研究文献得出，研究内容方面，国内外的研究比较统一，反倾销的贸易影响效应研究主要针对贸易限制效应和贸易转移效应；研究方法方面，国外的研究由于数据的可获得性多采用实证的研究方法，依据数据分析得出的结论较有说服力。而国内的研究大多属于定性分析，研究结论的说服力不足，并且，具有较大影响力的定量研究成果相对较少，鲍晓华（2007）[26]的研究属于国内比较全面的具有一定影响的实证研究成果之一。

### 2.3.2 反倾销对产业的影响效应评估研究

反倾销措施的主要目的就是救济进口国产业，因此，从其实质来看反倾销具有产业政策的作用。反倾销措施的实施必定会对产业产生一系列的影响效应。与反倾销贸易影响效应的研究文献相比，关于反倾销产业影响效应的研究文献较少。文献综述可以从反倾销对产业的直接影响效应相关研究和产业关联影响效应相关研究两个方面进行。

（1）反倾销对产业的直接影响效应研究

基于企业微观层面研究反倾销措施的影响效应时，主要集中于研究反倾销措施对企业收益产生的影响。这一方面的研究主要采用资本市场事件研究法（Capital market event study methodology），这主要源于相关数据可以从资本市场获得的优势。Hartigan等（1989）[29]通过对80年代美国钢铁行业47个反倾销案件的分析，发现反倾销对申请人的股票收益具有显著的正向作用，遗憾的是没有对这一影响幅度进行具体量化。Mahdavi等（1994）[30]利用同样的方法对80年代中期美国与日本半导体产业的贸易争端进行了研究，其中包括美国采取的反倾销措施，但是没有发现反倾销对美国企业收益产生显著影响。Sarah J. Marsh（1998）[31]使用资本市场事件研究法以美国1980—1992年间626起反倾销申请者股票价格数据为样本，分析了反倾销调查过程的各个阶段对企业股价的影响。分析结论表明，反倾销初裁和终裁的肯定性结果对国内诉讼企业的股价并没有显著性影响，而反倾销终裁的否定性结果对于国内诉讼企业的股价具有明显的负向影响。

中国台湾学者也进行了这方面的研究。陈坤铭（2000）[32]使用了该方法研究了钢铁行业反倾销措施对台湾钢铁产业及下游产业的影响效果，利用股票日报酬率数据进行 GARCH 估计，结果表明反倾销措施对台湾厂商产生了明显的保护效果，而对于下游产业似乎产生了一些不利影响，但不是非常明显。另外，Kun—Ming CHEN 和 Tsai—Chia CHEN（2003）[33]利用台湾和美国企业股票收益率的数据实证分析了美国对台湾静态存储器（SRAM）发起的反倾销措施对于台湾和美国企业的影响效果，结果表明，反倾销措施对美国企业产生了明显的保护效果，而出口企业的获益状况则取决于企业的战略。

当然，也可以利用其他的实证方法分析反倾销措施对国内企业/产业的影响。如，Jozef Konings 和 Hylke Vandenbussche (2003)[34]以 1992—2000 年间欧盟大约 4000 家涉及反倾销案的企业数据为样本，通过 Roeger 方法实证研究了欧盟反倾销保护对于进口竞争企业的影响，得出了反倾销保护对企业的价格增长具有积极而显著影响的结论。Jozef Konings 和 Hylke Vandenbussche (2009)[35]利用双重差分计量方法（dif - in - dif）评估了反倾销措施对国内受保护产业出口的影响，得出结论，当反倾销措施提高受保护市场的份额 5% 时，就会对相似产品的出口产生负面影响。

国内一些学者也对反倾销的直接产业救济效应进行了研究。其中绝大多数采用对数据资料进行描述性统计的方法，进行定性研究与分析。国家经贸委产业损害调查局通过实地调研以及产业数据的分析对 1997 年至 2002 年底我国反倾销效果进行全面评估，报告中数据表明反倾销法律手段对国内产业的保护已初见成效，新闻纸、不锈钢冷轧薄板、聚酯切片和涤纶短纤产业及邻苯二酚产业发展明显受益。可见，反倾销对产业救济的短期效果明显，为企业的发展创造了有利的时机。2003 年由于首例新闻纸反倾销案件面临复审，因而出现了一批关于新闻纸反倾销救济效果评估的研究成果，如宾建成（2003）[36]、仲崇东（2004）[37]、周蔚（2004）[24]等通过对新闻纸的贸易数据和产业数据进行描述性统计分析，认为反倾销措施实现了预期效果，保护了国内产业。刘蕾、何海燕、常明（2008）[38]全面分析了反倾销对经济的影响，认为反倾销措施的实施要综合权衡各方面的利益。杨悦、何海燕（2008）[39]利用反事实分析方法，构建了反倾销对产业价格指数影响的研究框架。应用时间序列模型和多元回归模型的组合预测模型预测反倾销对该产业价格指数变化的影响，依据产业价格指数的变化考察反倾销措施的产业影响效应，为定量研究反倾销的产业直接影响效应提供了思路。苏振东、刘芳（2009，2010）[40][41]、苏振东、刘芳、严敏[42]，选取了 1997 年 3 月—2009 年 6 月我国对外反倾销案例的涉案产品的贸易、投资和国内相关进口竞争性产业数据，通过动态面板数据计量模型的构建对反倾销的经济救济效果进行了定量评估。结果表明，尽管存在投资跨越效应和贸易转移效应，但是反倾销措施对我国相关进口竞争性产业的救济效果仍然显著，然而贸易转移效应和上下游产业继发性损害效应一定程度上削弱了上述产业救济效果，并且对外实施反倾销措施也极易引发指控对象国的报复现象，从而影响我国的出口贸易。尽管如此，反倾销措施对国内产业存在正向的救济效果。向洪金，赖明勇（2010）[43]基于 COMPAS 模型利用铜版纸案例数据对我国反倾销措施的产业救济效果进行了实证研究。研究结果表明，仅在 2002 年，反倾销措施将使国产铜版纸产量增加 24.7%，产品价格大约上涨 7.6%，全行业收益增加 34.3%。该研究为反倾销措施实施效果的评估提供了一种量化方法。另外，陈振凤，何海燕（2008，2010）[44][45]从会计学角度对反倾销政策的产业影响效应进行了较深入的分析。研究指出，出口企业应该构建相应的会计核算体系，并呼吁会计界在会计准则国际化协调方面充分考虑反倾销的影响。

（2）反倾销对关联产业的影响效应研究

有一些学者专门研究了反倾销措施对关联产业的影响效应。每一个产业都处于特定的产业链中，上游产业获得反倾销措施保护，产品价格提高，导致下游产业的采购成本上升，这样会对下游产业的福利产生不利影响，下游产业有时会申请继发性贸易保护。

Robert M. Feinberg 和 Seth Kaplan（1993）[46]以一个具有垂直市场联系的美国化学制品产业及其下游产业为例对上下游市场之间的关系进行了实证分析。对美国 20 世纪 80 年代反倾销和反补贴案例进行了研究，利用曼 - 惠特尼 U 检验法，对反倾销保护影响结果沿着产业链传递的情况进行了检验，并且指出上游进口保护波及下游行业，下游行业跟随上游行业提出诉讼的倾向在化工和金属行业的确存在。Leo Sleuwaegen 等（1998）[47]在 Hoekman 和 Leidy（1992）[48]“垂直市场结构模型”的基础上，利用博弈论对上下游行业中继发性反倾销保护行为进行了分析，得出结论：与下游行业相比，针对倾销损害的贸易保护出现在“进口损害集中发生”的上游行业的可能性相对较高，同时“对上游行业的保护会使这种损害转移到下游行业上”，增加了下游企业申请保护的可能性，这必然会进一步扩大福利损失。Corinne M. Krupp 和 Susan Skeath（2002）[16]通过对 1977—1992 年间美国反倾销案件相关的产业数据进行实证研究后指出，上游产业的反倾销措施，会对上游产业的国内产量和价格产生正面影响，对下游产业产生负面影响，同时会对涉案国上游产业的出口量产生不利影响，对非涉案国产品的出口量产生积极影响。James J. Fetzer（2005）[49]通过建立修整得 CES COMPAS 模型研究了美国平卷钢案件中反倾销措施对上下游产业的影响。通过比较没有考虑上下游影响和考虑上下游影响两种情况下反倾销措施对平卷钢市场的影响，得出结论：在考虑后者的情况下，反倾销措施使得国内产业的产品数量和价格将提高更大的幅度。

国内学者研究反倾销措施对上下游产业的关联影响效应大多采用投入产出分析方法。朱钟棣、鲍晓华（2004）[50]以化工行业为例，利用投入产出表的价格影响模型分析了化学工业征收反倾销税对其他行业的关联影响。研究表明最终产品行业中的日用化学产品和医药制造业给居民服务业和卫生事业带来的价格影响幅度分别为6.11%和39.08%，中间品行业的基本化学原料价格上升对化学农药的影响幅度在8.48%—10.71%之间，对种植业则为12.02%。沈瑶、朱益、王继柯等（2005）[51]利用朱钟棣、鲍晓华（2004）[50]的研究结论，进一步计算了聚氯乙烯价格变化对其他产业价格的影响幅度，指出反倾销导致的进口聚氯乙烯价格的上升对几乎所有下游产业都有显著影响。周蔚（2004）[24]、马永华（2006）[52]、邹超（2007）[53]等也先后运用投入产出分析法研究了反倾销措施对关联产业的影响。寇琳（2006）[54]以九个反倾销案件上下游产业的产量数据为统计样本，建立联立方程组，使用两阶段最小二乘估计方法，实证研究了反倾销措施在反倾销立案、初裁及终裁不同阶段对上下游产业产生的关联影响。刘向丽，魏馨（2010）[55]利用化工行业的反倾销涉案数据对我国的反倾销绩效进行了实证研究，结果表明，反倾销在对涉案化工产品进口数量和进口价格产生较为明显影响的同时，对下游产业带来了一定的冲击。尤其要提到的是，杨悦（2008）[56]在其博士论文中以国民经济中重要的中间产品提供者——钢压延加工企业为例，利用反倾销直接价格效应测度方法和以产业关联特征为基础的价格传递效应机制分析方法，研究了反倾销直接价格效应的规模和方向，以及在关联产业价格指数、收益、成本、消费者支出水平和政府财政收入等方面的规模和方向。以价格为轴线对反倾销的产业影响效应进行了实证研究。

综上所述，关于反倾销对产业的影响效应的研究国内学者还处于起步阶段，较深入的理论或实证研究成果较少。事实上，国内外关于反倾销对国内产业影响效应的理论与实证研究成果都不够丰富。原因主要在于：第一，由于反倾销涉案产业通常是某一特定型号或规格产品，隶属于某大类产品目录下，囿于统计口径等方面的限制，涉案产品的直接相关产业数据经常很难获得，并且由于具体产品的产业数据多属于企业的商业秘密，获得难度更大。因此，相关的实证研究也就无从谈起；第二，反倾销对贸易的影响是直接的，而对国内产业的救济效果是间接的，另外反映国内产业状况的指标较多而不集中，因此限于分析理论与方法的局限性，这一方面的理论研究还不多见。

### 2.3.3　反倾销对企业战略行为影响效应的研究

面临倾销与反倾销威胁，申诉企业和应诉企业都会作出行为反应。因此，反倾销措施对企业的战略行为具有较大的影响。企业选择参与一项反倾销诉讼的博弈与其他寻租和公共产品的博弈类似。博弈理论是在研究国家间的关税策略时被引入国际经济学领域的。然而现今由于反倾销等非关税贸易壁垒的频繁使用，许多学者也就开始了反倾销对企业战略行为影响的博弈研究。这一方面的研究多属于理论研究，研究成果非常丰富。主要包括以下几个方面。

（1）进口国与出口国企业的妥协合作

一些学者认为反倾销措施实施的威胁会使国内外企业更容易达成妥协，以追求合作时的均衡结果。Robert W. Staiger 和 Frank A. Wolak（1989）[57]通过反复的多次双阶段博弈分析指出：

尽管反倾销税最终不一定会征收，但由于反倾销诉讼威胁的可信性，反倾销诉讼的展开将使得国内产业占据更多的市场份额以及更可能与国外公司达成妥协。作者甚至还指出这种威胁所带来的效果与反倾销税的实际征收效果相比会更为明显。Robert W. Staiger 等（1990）[58]通过国外垄断厂商与国内完全竞争厂商的竞争模型对反倾销法在制止国外过剩产能倾销方面的作用进行了分析，并且指出，反倾销法的存在会产生威慑作用，即便没有反倾销措施，国外厂商也会选择更低的产量，而国内外厂商达成合作协议显然对双方都有利。

Thomas J. Prusa（1992）[59]构建了一个国内外厂商基于价格竞争的讨价还价模型，研究表明，征收反倾销税的威胁导致国外厂商倾向于与国内厂商达成价格协议，这对双方都有利，因此国内厂商都会选择达成协议或撤销指控，在国内外厂商原来不存在共谋的情况下，反倾销威胁导致默契合谋（tacit collusion）的形成。

Maurizio Zanardi（2000）[60]通过建立进口国与出口国厂商两阶段动态 Bertrand 博弈模型对双方在反倾销诉讼后的策略选择和妥协的可能性进行了分析，他们指出撤销申请还是等待调查机关的裁决，取决于协调成本（coordination cost）及讨价还价能力（bargaining power）两个变量，最后给出结论：讨价还价能力相当的情况下，撤销申请的可能性与协调成本负相关，而成本相同的情况下，国内产业的讨价还价能力越低，达成协议、撤销指控的可能性越大。

Bruce A. Blonigen 和 Chad P. Bown（2003）[61]指出国内企业由于害怕受到报复性威胁，有时也会采取不发起反倾销措施以能够与国外企业达成协议。Alberto Martin 和 Wouter Vergote（2005）[62]在分析反倾销的报复性威胁对于世界整体福利的影响时指出，由于存在报复性威胁，为了避免陷入囚徒困境，一国不会轻易采取反倾销措施。

总的看来，上述学者认为进口国国内企业和出口国企业在面临反倾销诉讼威胁时会选择相互合作以免两败俱伤。

（2）进口国与出口国企业的非合作策略选择

反倾销诉讼一旦开始，为了应对反倾销威胁，国内企业可能会选择通过降价或游说方式使得反倾销措施的裁决结果更利于自己的行为。Leidy 和 Hoekman（1990）[63]对具有一定市场控制力的单个出口企业面临可能的反倾销保护以及汇率波动情况下的战略决策问题进行了较早的研究。在研究中将倾销幅度的计算方法分为“价格方法”和“成本方法”两种。通过博弈模型的分析，得出结论：针对不同的倾销幅度计算方法，企业采用不同的最优战略决策：调查机关使用“价格方法”时，企业可以通过同时减少出口数量、增加出口价格以及增加国内供给、降低国内价格来重新平衡价格；而当调查机关使用“成本方法”时，企业最优策略则是只调整出口供给。



Ethier，Fischer（1987）[64]，Fischer（1992）[65]以及 Reitzes（1993）[66]对 Leidy 等（1990）[63]的研究进行了扩展，分析了进口国与出口国企业在寡头垄断博弈中的战略决策。这些研究将博弈分为两阶段，企业在第一阶段进行市场竞争（包括 Cournot 和 Bertrand 竞争），调查机关据此在第二阶段采取反倾销措施。重点研究企业如何通过第一阶段的战略行为影响第二阶段的反倾销措施。研究一般假定，出口国企业试图降低采取反倾销措施的可能性，而进口国企业则努力提高贸易保护成功的可能。这些研究得出的结论非常相似，都认为战略博弈的类型是企业最优战略决策选择的依据。

Bruce A. Blonigen 和 Jee－Hyeong Park（2001）[67]研究了不

确定情况下出口企业的动态定价问题。根据当期价格与下一期反倾销税率的动态变化关系，对一个出口企业的动态最优化定价问题进行了研究。理论研究表明，采取肯定性反倾销措施的情况下，出口企业倾销与进口国的反倾销税在一段时间内将不断增加直至达到静态均衡；而在反倾销措施不确定情况下，出口企业会根据具体情况对定价策略进行调整。

Veugelers 等（1999）[68] 研究了欧盟反倾销法对国内卡特尔的影响，他们认为，可能的反倾销行为对于国内卡特尔到底存在反竞争还是促进竞争的效果，主要取决于国内外企业的成本不对称，以及反倾销调查机关更倾向于帮助国内的哪些利益群体。Messerlin（1990）[69] 以欧盟化学产业为例，从市场结构与厂商行为角度探讨反倾销效果，发现欧盟厂商利用反倾销保护，减少竞争、规避竞争法，以维持卡特尔的稳定性，因而得以有效提高产业价格，从反倾销措施中获得巨大利益。

台湾学者 Kun－Ming CHEN 和 Tsai－Chia CHEN（2003）[33] 在 Reitzes（1993）[66] 模型的基础上，对企业在 Cournot 和 Bertrand 竞争、产品为完全替代和不完全替代情况下的博弈结果进行了分析，进而对于不同情况下反倾销政策对于企业利润的影响进行了比较研究，得出了多样化的结论。

国内学者杨仕辉、王红玲等（2001）[70] 建立了三方两阶段的倾销与反倾销动态博弈模型，探讨了反倾销政策对国际竞争的影响和进口国产业的激励作用，分析了反倾销策略对国家福利的影响。此后，杨仕辉（2005）[71] 建立了倾销与反倾销两阶段动态博弈模型，假定企业遵循 Cournot 竞争，分析了反倾销对企业产量、利润及国际市场价格方面的影响。

综上所述，学者们普遍认为，反倾销诉讼一旦开始，进口国国内企业就会利用各种方式来影响调查机关的裁决以便能够获得最有利于自己的判决。

（3）进口国内非诉讼企业的行为策略选择

部分学者对进口国内非诉讼企业在面临反倾销诉讼时所采取的行为选择策略进行了深入研究。这方面的研究主要集中在进口国国内企业诉讼时的“搭便车”行为及其所产生的影响。

James Casing 和 Ted To（2004）[72]利用所建立的一个非完全信息的三方博弈模型解释国内的非诉讼方企业不支持对国外公司提起反倾销诉讼的原因。研究指出，当一个国内企业对国外企业发起诉讼申请时，另一个国内企业会根据自己的获益情况来判断是否支持该项诉讼。当该企业认为支持诉讼会导致更高的信息泄露成本时，企业就会选择拒绝支持诉讼。另外，企业认为支持诉讼会向国外企业传递自己处于弱势地位的信息，这会对与国外企业的竞争产生不利影响，因而也会选择不支持诉讼。

Kara M. Olson（2004）[73]通过对美国 1980—1996 年间反倾销案件的分析，发现由于国内其他企业均能通过免费“搭便车”而从反倾销措施中获益，因此导致更多的企业支持反倾销诉讼，然而企业数目又是美国调查机关衡量国内产业受损的重要指标之一。因此，“搭便车”行为将会严重影响反倾销案件裁决结果。

国内学者冯巨章（2005）[74]也对企业在面临反倾销诉讼时的策略选择进行了分析。通过对整体决策最优化与个体决策最优化时企业的策略选择比较发现，出口规模大和规模优势明显的企业更趋向于提起诉讼，而其他小企业则趋向于“搭便车”。这些小企业不但节省诉讼成本，而且可以免费享受大企业诉讼所带来的好处。

但是，有些学者认为“搭便车”行为并不是绝对发生的，在某些情况下，国内企业的非诉讼方甚至会反对反倾销诉讼。

(4) 反倾销涉案国企业的行为策略选择

反倾销进口国企业一旦发起反倾销诉讼，涉案国企业就会面临被加征反倾销税的可能。为了规避反倾销带来的不利影响，涉案国企业需要在直接出口和跨国直接投资（FDI）之间作出行为策略选择。已有相当多的学者就反倾销所引发的跨国投资影响效应进行了大量研究。

涉案国企业在出口和直接投资之间的策略选择研究的理论基础是国际贸易和直接投资的关系。自 20 世纪 50 年代以来经济学家就开始了对国际贸易和直接投资关系的研究，研究成果丰富，目前主要的结论为国际贸易和直接投资之间既存在替代关系也存在互补关系。而反倾销引发的直接投资影响效应更多的是基于两者之间的替代关系。

Healand 和 Waoton（1998）[75]的研究显示，反倾销保护会诱使外国公司对受反倾销保护的国家进行直接投资，以规避反倾销税，这种行为的结果会加剧进口国国内市场竞争。Ellingsen 和 Warneryd（1999）[76]从政治经济学角度研究了外国企业的进入威胁对进口国贸易保护水平的影响，通过分析得出结论：进口竞争企业并不是寻求尽可能高的保护水平，而只是希望获得有限保护，设置的贸易保护水平只要能够限制外国企业对外直接投资进入即可。

Paul Azrak，Kevin Wynne（1995）[77]研究了 1976—1992 年期间日本对美国的直接投资，指出美国的宏观经济情况以及美国采取贸易保护措施的可能性会影响日本对美国的 FDI。为了免于受到美国贸易保护措施的制裁，日本公司会选择进行 FDI。Bruce A. Blonigen 和 Robert C. Feenstra（1996）[78]通过考察 1980—1987 年间美国的反倾销案件，定量研究了美国贸易保护措施对日本 FDI 的影响。结论显示：美国采取反倾销措施的可能性增加 5%，日本 FDI 的可能性将提高 30%。Bruce A. Blonigen (2002)[79]进一步扩大了研究范围，对 1980—1990 年间美国发起的 485 件反倾销案件进行了实证研究。结论表明：反倾销税的征收对 FDI 具有显著影响，但是影响程度并不像以往研究中发现的那样显著。并且指出 FDI 只是发达国家中跨国公司面对反倾销税时所作出的现实选择，而对于那些发展中国家的涉案企业来说，他们更倾向于向世贸组织申请仲裁。

R. Belderbos，H. Vandenbussche 和 R. Veugelers（1998）[80]就欧盟地区反倾销措施所引起的 FDI 变化进行了研究。他们在研究中肯定了反倾销措施带来的跨越投资效应，并指出：尽管 FDI 抵消了反倾销措施的救济效果，与反倾销的最初目的相违背，但是直接投资所带来的技术溢出给国内产业发展带来了好处。Delia Ionascu（2004）[81]则研究了在考虑技术溢出效应情况下"北方国家"FDI 对"南方国家"整体福利的影响。结论显示：在缺乏技术溢出的情况下，反倾销税引致的 FDI 会使进口国所获福利高于自由贸易所带来的福利。而在技术溢出效应正向的情况下，贸易保护会对最具竞争力企业更具吸引力。

国内也有学者对反倾销引发的跨国投资效应进行了研究。西安交通大学国际经济研究所和中国社会科学院对外经贸国际金融研究中心（2005）[82]，祝福云、冯宗宪（2006）[83]，对进口反倾销调查与外商在华投资关系做了深入研究。将反倾销措施作为虚拟变量引入时间序列模型，假设反倾销措施只对 FDI 平均水平造成影响，无论从合同利用外资回归结果还是从实际利用外资结果来看，反倾销措施对 FDI 有显著影响，反倾销措施与 FDI 值负相关，且由于反倾销措施的影响，使 FDI 在原有平均水平上减少。采用合成数据模型分析反倾销对外商直接投资（FDI）的回归结果看，反倾销程度与外商直接投资额呈显著的正相关关系。这些定量分析结果与若干学者的经验推论是基本吻合的。

胡麦秀、冯宗宪（2005）[84]在外国出口商与进口国当地生产商成本不对称的假设下，利用 Bertrand 双寡头模型对追求利润最大化的企业遭受出口反倾销时在出口与对外直接投资之间的战略选择进行了研究。得出结论：出口国企业是否进行跨越反倾销的对外直接投资取决于成本优势转移的程度，以及对外直接投资的固定成本与征收反倾销税情况下的主要固定费用的比较；如果成本优势完全不可转移，或者对外直接投资的固定成本过高，则不论进口国政府采取何种反倾销措施，出口国企业都不会选择对外直接投资。

焦知岳、冯宗宪（2008）[85]通过建立一个双寡头垄断模型对国内进口竞争企业的反倾销保护需求和外国企业的外国直接投资的关系进行了博弈理论分析，得出两个结论：一是国内进口竞争企业申请反倾销贸易保护的努力程度能够促进或限制外国直接投资的进入；二是当外国企业面临内生性贸易保护时，会在实施保护阶段前战略性地改变它们的出口。



综上所述，涉案国企业的 FDI 行为选择尽管跨越了反倾销措施，对反倾销的保护效果产生一定的负面影响，但是 FDI 能够增加就业机会和带来技术进步，对进口国福利改善具有积极作用。

### 2.3.4 反倾销对进口国福利的影响效应研究

反倾销主要通过对进口产品征收反倾销税，提高进口产品价格，抑制进口量，从而保护国内相同或相似竞争产品的生产企业和产业。同时，由于国民经济各部门之间的关联性，反倾销会给所有利益相关者产生一系列的影响。为了对反倾销措施的效果进行综合评价，许多学者对进口国的福利影响效应进行了大量研究。

James M. Devault (1996)[86]通过研究美国1987—1992年首次实施的30项反倾销税，得出结论，反倾销措施每年给消费者造成的损失达5—8亿美元，国内生产商因获得反倾销税保护而每增加1美元收入，则消费者的损失为3.2美元。该研究告诉我们，反倾销税的不合理使用将会对进口国国内消费者的福利水平产生较大的不利影响。Bruce A. Blonigen与Stephen E. Haynes (2002)[87]使用加权最小二乘法（WLS）通过考察美国1992—1993年间针对加拿大钢铁产品采取反倾销措施前后有关产品价格的变化情况，发现反倾销税的160%转嫁给了消费者。而且，消费者福利损失越大的行业，越容易引发继发性反倾销行为。

台湾学者王凤生（2000）[88]借鉴美国ITC的方法，分别以10%、20%和30%的不同税率模拟分析了台湾发起的八项反倾销措施。研究发现，受反倾销影响较大的产业是化纤、钢铁初级制品及电机电子。他们的产出和资本明显增加，价格上涨，国内消费减少。其他未被征收反倾销税的产业中，受影响较小的是上游产业，影响较大的是下游产业。

大陆学者在福利影响的综合性研究方面成果较少。研究中运用较多的方法是投入产出分析法（Input - Output Analysis）。朱钟棣、鲍晓华（2004）[50]以化工行业为例，利用中国投入产出表定量分析了反倾销税对国民经济各产业部门的关联影响，研究证明对部分化工产品征收反倾销税明显影响了下游产品价格，并且会传递到下游很多产业，最后提出反倾销措施执行中应当关注包括下游产业利益在内的公共利益问题。沈瑶、朱益等（2005）[51]分析了聚氯乙烯反倾销案的产业关联效应，利用朱钟棣、鲍晓华(2004)[50]的研究结论，进一步计算了聚氯乙烯价格变化对其他产业价格的影响幅度，指出聚氯乙烯反倾销税对几乎所有下游产业都有显著影响。周蔚（2004）[24]、马永华（2006）[52]的硕士论文也都使用投入产出分析法对反倾销措施的产业关联影响进行了研究。此外，魏瑶、雷良海（2007）[89]将反倾销福利影响效应划分为直接的静态福利效应和间接的动态福利效应。指出反倾销虽然提高了生产者剩余和政府财政收入，但无法弥补消费者的福利损失，从而使得社会整体福利受损；并且，反倾销的传递效应、投资跨越效应以及进口国的国家类型决定了反倾销措施所带来的动态福利的不确定性。

## 2.4 反倾销影响效果评估方法相关研究

本书基于公共政策视角对反倾销政策实施效果评估方法进行研究，因此，首先要对一般性政策效果评估方法的相关研究文献进行梳理。其次，由于倾销影响的评估方法与反倾销政策效果评估方法具有一些相通之处，并且研究结论比较成熟，因此有必要对倾销影响评估方法进行总结和借鉴。



### 2.4.1 一般性政策效果评估方法研究

公共政策分析是公共管理科学中的重要研究领域，而政策效果评估是政策分析中的关键环节。进行政策效果评估既需要有坚实的理论基础又需要有完善的评估方法。从方法所依据的资料和结果的精确程度来看，政策效果评估方法可以分为定性和定量两大类。定性评估方法主要有整体评估方法和层次评估方法。然而政策效果评估更需要定量评估方法。国外关于政策效果评估的实证研究方法比较成熟，主要包括工具变量法（Instrumental Variables（IV）Method）、选择修正法（Heckman Selection Method）和双重差分法（Difference - in - Differences（DID）Method）、匹配法（Matching Method）、前后对比法（Before - After Comparative Method）等。其中最基本的是匹配法、选择修正法和双重差分法，其他方法都是这三类基础方法的演变。Cochran and Rubin (1973)[90]、Rubin（1973，1976，1979）[91][92][93]是匹配法研究的早期典型代表，提出了的匹配方法中常用的有最近邻匹配法、测径匹配法以及回归调整匹配法等。Rosenbaum and Rubin (1983，1985）[94][95]提出倾向性得分匹配方法（Propensity Score Matching Method）。Heckman et al.（1997，1998）[96][97]提出了局部回归匹配法，完善了回归调整匹配法，总结了匹配法中常用的各种匹配策略。Dehejia and Wahba (1999，2002）[98][99]研究了分层匹配法。Alexis and Jasjeet（2005）[100]提出了基因匹配法。Heckman（1974，1976，1979）[101][102][103]开创性地发现和证明了选择偏差的存在，并给出了解决选择偏差的方法，即为选择修正法的雏形。Heckman and Robb（1985，1986）[104][105]全面详细的阐述了如何应用选择修正法进行政策效果评估。Heckman et al (2003）[106]在对选择修正法的假设条件进一步放松后，提出了基于结合联系函数的选择修正法。Heckman and Hotz（1989）[107]提出了双重差分法，与选择修正法进行了比较，指出设定检验在一定程度上能消除选择偏差。Moffitt（1991）[108]，Eissa（1996）[109]，Heckman（1996）[110]对双重差分法进行了完善。

国内关于政策效果评估方法的研究相对较少。但是近几年来随着我国政府机构对政策效果评估需求的日益增长，我国学者也开始了这一领域的研究，成果也越来越多。政策效果的定量评估方法主要包括政策前—后对比分析法（BACM）、投射实施后对比分析法、政策有无对比分析法（ENCM）、控制对象实验对象对比分析法、双重差分法（DID）、成本收益分析法、统计抽样法、成本效能分析法、模糊综合评价分析法等。周黎安，陈烨

(2005)[111]运用我国7省591个县和县级市1999年至2002年的相关社会经济数据对农村税费改革的政策效果进行了系统而严格的实证研究。作者利用税费改革分地区逐步推进的特征，借鉴“双重差分模型”的计量方法估计农村税费改革对农民收入增长所产生的政策影响。朱宁宁、朱建军等（2008）[112]基于“自然实验（natural experiment）”和“双重差分模型（difference - in - differences model）”的方法，利用16个省市2003—2006年的相关社会经济数据，对建筑节能政策的实施效果进行了定量评价。郑佩娜、陈新庚等（2007）[113]运用政策评估中的投射—实施后对比分析法，对1996—2005年排污收费环境政策实施前后广东省的排污费和主要污染物排放量关系进行了分析研究，探讨了排污收费政策对污染物减排的影响，对其实施效果进行了评估。李淑艳（2006）[114]在其博士论文中使用统计抽样分析法、政策前后对比分析法（BACME）、机会成本分析法、控制对象实验对象对比法等定量评估方法对贵州省的退耕还林政策效果进行了评估，获得了客观的定量性的结论。于娟（2008）[115]在其硕士论文中将环境政策评估方法总结为以下四类：第一类是社会学评估方法，主要包括：目标评估方法、SWOT分析、利益相关者方法、政策执行力方法、参与式监测评估和第三方评估方法；第二类是环境经济评估方法，主要是成本收益分析法；第三类是数学评估方法，包括AHP层次分析法和模糊综合评判方法；第四类是综合评估方法，指的是以上三种的混合。刘诚（2009）[116]在其博士论文中对中国的退耕还林政策进行了系统性评估，由于采用的政策过程评估模式，因此，根据政策阶段的不同选用了不同的评估方法。在政策评价内容和指标体系构建阶段采用理论分析方法为主、专家访谈法为辅的方法策略；在效果评价阶段以统计分析法和对比分析法为主、辅以个案研究；在效益评价阶段以定量分析析法为主，辅之以必要的个案研究；在综合评价阶段主要以专家访谈法和理论分析法、层次分析法为主。总的来说，退耕还林政策的全过程评估采用的是多目标综合评估方法。可见，目前我国的政策效果评估研究主要集中于环境政策和产业政策方面。政策效果评估方法根据评估关注角度的变化而不同。并且，由于我国基础数据的缺乏，关于政策效果的量化评估还存在大量的模糊性和不确定性，综合性量化评估研究相对更少。

### 2.4.2 倾销影响评估方法相关研究

根据WTO《反倾销协议》规定，各成员国必须在倾销存在、产生实质性损害以及两者之间存在因果关系这三个基本条件都满足的情况下才能采取反倾销措施。其中产业损害幅度的测算以及与倾销因果关系的验证是反倾销措施实施中的难点。因此，学术界和实务界对倾销影响的评估方法进行了广泛而深入的研究和实践。

(1) 两阶段法

两阶段法（Kelly and Morkre，2006）[117]又称两分法或趋势分析法，两分法或两阶段法是指在确定产业损害时分两步进行：第一步对本国产业受到损害的情况进行调查，并作出判断；第二步确定导致产业损害是否是倾销等非公平贸易因素，即是否存在因果关系。调查机关进行上述两步骤检查时，首先确定一些能够反映调查期内国内产业发展状况的一系列指标和因素。这些指标因素主要包括：国内涉案产品价格、相关产业产能、产量、销量、销售收入、存货、就业、工资、资产回报率、投资等（何海燕，2003）[118]。调查机关在确定调查的指标因素后，对其在调查期内的绝对量和相对量变化发展作趋势变动分析。如果出现绝对下降或相对下降的趋势，调查机关就可以认定国内产业受到了损害。同时，对调查期内影响国内产业变化趋势的其他因素进行调查，这些因素包括需求变化、消费模式变化、经营管理变化、贸易政策变化、技术情况以及其他不可抗力因素。如果调查机关能够排除以上因素对国内企业在反倾销调查期内的影响，就可以认定其损害与国外公司的倾销行为之间存在因果关系。

这种方法通过对有关行业的产出、产品的价格等经济指标的变化情况进行观测后来确定倾销对产业造成的损害程度，这样的调查结果主观性相对较大，另外对倾销与产业损害之间的因果关系没有进行严格的论证（Oykes，1996）[119]。

（2）指标体系评估法

指标体系评估法主要源于 WTO《反倾销协议》对确定产业损害所列举的 15 个指标，但是对于如何度量和利用这 15 个指标并未做出明确说明。针对该问题，许多学者围绕指标体系建构，综合评估方法选择以及指标筛选等作了广泛研究。我国学者对该方法的研究做出了主要贡献。

关于指标体系构建研究的典型代表当属我国学者何海燕（2003）[118]的研究，她首次构建了多层次产业损害幅度测度指标体系，并对倾销因素和非倾销因素，相关的定性指标和定量指标进行了综合考虑。自此以后，许多学者纷纷在此基础上进行了扩展研究。根据研究的侧重点不同，这些学者在各自的研究中重新构建了指标体系。以学于永达为组长的“中国产业损害标准计算方法”课题组提出了基于层次分析法的产业损害确定方法。何海燕（2003）[118]、常明、何海燕（2007）[120]、姜国庆、凡刚领（2004）[121]等文献对产业损害测算指标体系中的各指标之间相关性消除方法进行了研究；王明明、隋伟莹（2004）[122]、寇琳（2005）[123]等文献在判定产业损害和损害程度确定中尝试利用了多层次模糊综合评判方法。王明明等（2003）[124]从理论角度研究了倾销与损害因果关系问题。

总的来说，指标体系法是一种定量与定性相结合的方法。它在一定程度上能够弥补两分法的不足，通过对各指标变化的综合评估得出定量化的总体结论。但这一方法评估结论的准确性仍存在不确定性。

（3）反事实分析法

两阶段法和指标体系法相对来说缺乏一定的理论基础，并且在去除其他影响因素方面具有较明显的局限性。于是，学者们基于经济学建模理论构建了反事实分析法。其基本原理是根据微观经济学中的供求理论，利用供需价格弹性等指标的计算，考察进口产品的价格变化对进出口国相关产业的价格、产出、收益等指标的影响幅度。本质上该方法所使用的是经济学中的“Armington 模型”，在美国这是一种较为常用的用于分析贸易政策的实证模型，其经济理论基础较为完善（Jione Jung，2004）[125]。国内学者栾信杰（2007）[126]对产业损害的经济学方法作了简要的介绍，向洪金、柯孔林、冯宗宪（2009）[127]基于 COMPAS 模型对产业损害的经济学确定方法进行了有益的探索。

然而，该方法由于其模型中各种经济参数变量数值的难获得性和不可靠性而引起了一些学者的指责。另外，一些学者也对模型本身提出了质疑。Thomas J. Prusa，David C. Sharp（2001）[128]认为反事实分析法基于的需求模型过于简单，不能只考虑涉案产业自身的需求变化因素，因为实际上影响产品需求因素相当多，包括上游原材料供应、下游需求、替代品需求等，因而不能仅以涉案产品的价格作为需求变化影响的唯一因素。尽管如此，然而由于其模型推理简单且 COMPAS 系统使用方便，因而在理论界和实践界还是相当流行。

（4）计量经济学方法

计量经济学方法是在克服上述三种方法弊端的基础上发展起

来的。Grossman（1986）[129]最先利用计量经济学方法分析了产业损害确定问题，构建指标间的函数模型，利用美国钢铁行业的有关数据进行回归分析，从而度量出倾销的进口钢铁产品对美国钢铁行业的影响幅度。Pindyck 和 Rotemberg（1987）[130]建立了一个分析框架用于检验各类内生和外生因素对国内产业的影响，与 Grossman（1986）[129]不同的是，他们使用了 Granger 因果检验方法验证各类变量因素引起的损害程度。

目前，计量经济学方法在倾销影响评估领域应用较多的是联立方程组模型法（Simultaneous Equations Model）。Thomas J. Prusa，David C. Sharp（2001）[128]，James P. Durling，Matthew P. McCullough（2005）[131]利用该方法分析了美国冷轧钢反倾销案中倾销对美国国内产业的影响，结论表明：倾销导致国内价格的下降幅度仅为 2.2%，因此不是主要原因；而其上、下游产品的价格对冷轧钢价格产生的影响巨大，影响幅度分别高达 0.918 和 0.675。David Sharp，Kenneth Zantow（2005）[132]利用同样的方法分析了美国虾倾销案中倾销对国内产业造成的影响，得出结论：对虾价格影响最大的是渔具及冰块的价格，其次是捕捞成本，而倾销进口对国内市场价格的影响程度较小。

然而，需要指出的是，计量经济学方法也存在一定的不足之处。其中，最大的问题在于基础数据的缺乏（Thomas J. Prusa，David C. Sharp，2001[128]）。

对以上几种方法综合分析可知，根据各种方法所依据的理论基础可以划分为非经济学方法和经济学方法。非经济学方法简单直观，但是缺乏一定的理论基础，主观性比较强，判断结果相对不够客观，如两阶段法和指标体系法。而经济学方法如反事实分析法和计量经济学方法依据经济学理论，具有坚实的理论基础，评估结果具有一定的客观性和准确性，然而该方法分析所依据的数据资料却较难获得，使得其使用受到一定的限制，我国在这一方面的研究相对缺乏。

### 2.4.3　反倾销政策效果评估方法研究

基于上述反倾销影响效应评估研究综述可知，多数学者只针对反倾销在某一方面产生的经济影响进行了评估研究。主要表现在反倾销对贸易的影响、对国内产业的影响、对国家整体福利的影响、对企业战略行为的影响。采用的评估方法主要包括博弈论方法、回归分析以及最小二乘法等计量经济学方法。这里需要特别指出的是，Joseph F. Francois 等（1997）[133]建立了一种基于比较静态分析的可计算局部均衡模型，可以模拟分析不同反倾销税率对涉案产品贸易、市场均衡及国家福利等各方面的影响，作者使用这一模型分析了美国反倾销与反补贴税对平轧钢进口贸易及国内相关产业的影响。Laura M. Baughman（2004）[134]利用这一方法模拟分析了美国对来自巴西、中国、印度等国的虾反倾销案中，不同的反倾销税率对进口价格、进口量和市场份额的影响。但模型中完全竞争市场的假设过于理想化，与大多数反倾销实践情况不符（Alexander Keck，Bruce Malashevich，Ian Gray，2006[135]），而且需要研究者提供若干难以精确获得的经济参数。但是该模型能够区分不同进口来源国的产品，并且与可计算一般均衡模型（CGE）相比，该方法能够针对单个反倾销措施的影响进行模拟评估，需要的时间、数据及经济成本相对较小。因此，在反倾销措施影响评估中具有不可替代的优势。

总体来说，目前从产业政策角度评估反倾销影响效果在理论界几乎难以见到，关于反倾销政策效果系统评估方法的研究更是少之又少。这里尤其需要提到的是常明（2008）[136]和赵飞（2009）[137]关于反倾销救济效果评估体系和评估方法的研究。常明（2008）[136]在其博士论文中，首次系统地提出了反倾销产业救济效果的评估体系，并建立了包括国内产业的实际发展趋势评估（Actual）、反事实预测评估（Counter - factual）以及理想状态模拟评估（Ideal）三方面的ACI评估方法框架。该方法通过比较企业发展实际趋势与不存在反倾销情况下的企业发展虚拟趋势，计算得出反倾销措施的救济幅度，同时通过比较企业发展实际趋势与理想状态趋势计算得出反倾销措施的救济水平，最后根据救济幅度和救济水平对反倾销的影响效果进行评估。赵飞（2009）[137]在其博士论文中，结合一般性政策效果评估方法和反倾销政策的特点设计了反倾销政策有—无对比分析法（ENCME）和反倾销政策前—后对比分析法（BACME）两种反倾销救济效果评估方法，在这两种方法的分析中分别就综合评估方法的选择、趋向线的确定以及评估标准的确定进行了研究，提出了“救济有效度”和“救济达标度”两层次的评估结论，并对其他相关影响因素的去除进行了研究。



## 2.5　有待于解决的问题

根据反倾销政策影响传递的先后可以将影响对象分为：贸易、企业、产业、部门（关联产业）、国民经济。将反倾销政策影响评估的研究成果从研究内容、采用的研究方法、数据来源、研究结论等方面进行总结，如表2.1所示。

由表2.1可知：

（1）关于贸易影响的评估研究成果比较丰富，研究方法等比较成熟，然而，国内相关的实证研究较少，主要原因可能是数据获得较难。

（2）关于企业影响评估的研究成果较少，尤其是实证研究。理论成果也仅局限于基于博弈论方法的企业战略行为影响研究，主要原因在于企业数据属于商业秘密，获得难度较大。

（3）关于产业影响评估的研究成果也比较少，国内多是定性研究。并且反倾销效果的评估标准主要基于弥补产业损害的程度。产业方面的相关数据的获取难度也较大。国内较少的实证研究成果一般是通过实地调研获取数据。

（4）关于关联产业影响的评估研究成果相对较多，国内主要采用投入产出分析法。

（5）关于国民经济综合影响的评估研究成果比较丰富，但主要是基于福利经济学进行理论研究，研究结论比较一致。

**表 2.1　　反倾销政策影响评估研究成果总结表**

| | 研究内容 | 采用的研究方法 | 数据来源 | 研究结论 |
|---|---|---|---|---|
| 贸易 | 国内外研究的内容相同，主要包括贸易的限制效应、贸易的转移效应和贸易的调查效应。 | WLS（加权最小二乘法）、OLS（一般最小二乘法）等计量经济学方法，国外多是实证研究，国内实证研究较少，定性研究较多。 | 国内外实证研究都是利用涉案产品的贸易数据。 | 几乎所有的研究都认为存在贸易限制效应，而有些学者认为贸易转移效应和调查效应不一定存在。 |
| 企业 | 国内外都主要研究了反倾销对企业战略行为影响，国外少数学者研究了反倾销对上市公司股票收益的影响。 | 对企业战略行为影响的研究主要采用博弈论方法进行理论方面的研究，对上市公司股票收益的影响的研究主要采用资本市场事件法进行实证研究。 | 实证研究采用的是上市公司年报中的公开数据。 | 通过博弈论构建了许多反倾销影响的企业战略行为模型，并且得出了反倾销政策对上市公司股票收益存在一定影响的结论。 |

续表

| | 研究内容 | 采用的研究方法 | 数据来源 | 研究结论 |
|---|---|---|---|---|
| 产业 | 国内外对于反倾销政策对产业的救济效应研究较少，具有代表性的实证研究方面成果主要有：Jozef Konings 和 Hylke Vandenbussche (2003，2009)，常明（2008)，赵飞(2009)，苏振东、刘芳（2009)。 | Jozef Konings 和 Hylke Vandenbussche（2003，2009）采用的是 Roeger 方法和双重差分法(DID)，杨悦、何海燕(2008）采用的反事实分析法，常明（2008）构建了反倾销产业救济效果评估的 ACI 评估方法体系，赵飞(2009）从政策效果评估角度设计了 ENCME 和 BACME 反倾销救济效果评估方法，苏振东、刘芳（2009）利用的是动态面板数据模型的计量经济学方法。 | 国外学者采用的是欧盟的企业数据，欧盟也公开非上市公司数据；国内学者采用的数据多是通过调研获取的。 | 得出了反倾销政策对产业具有较明显救济效果的结论。 |
| 部门（关联产业） | 反倾销对关联产业的继发性保护效应的影响研究。 | 国外学者主要采用的是垂直市场结构模型，CES COMPAS 模型以及计量经济学方法，国内学者主要的研究方法是投入产出分析法。 | 主要采用的是行业数据。 | 反倾销对关联产业产生了一定的影响，验证了继发性保护效应的存在。 |

续表

| | 研究内容 | 采用的研究方法 | 数据来源 | 研究结论 |
| --- | --- | --- | --- | --- |
| 国民经济 | 反倾销对进口国综合福利的影响研究。 | 经济学建模方法，主要是理论研究。 | | 进口国为小国时反倾销福利一定会下降，进口国为贸易大国，反倾销同时产生价格和贸易条件效应，最终的福利水平取决于效率损失和贸易条件改善程度的对比。 |

总的看来，几乎所有的研究成果都是关于反倾销所产生的经济影响的评估，只有赵飞（2009）[137]从政策效果评估角度对反倾销救济效果进行了评估方法的研究。

因此，综合现有的研究成果，具体到反倾销政策实施效果评估问题，还有以下方面有待于进一步研究：

（1）关于反倾销政策作用原理及其传导机制问题

反倾销政策通过对贸易的影响实现救济产业的目的，反倾销政策一定程度上具有产业政策功能，那么，反倾销政策的作用过程是怎样的，反倾销政策如何通过对进口产品征收反倾销税来影响企业的行为，又如何通过产业内涉案企业的行为反应来达到救济产业的目的。这些相关问题的解答有利于深刻剖析反倾销政策的实质，利于把握问题的脉络，为反倾销政策效果的评估研究提供理论基础。

（2）关于企业层面的反倾销政策效果评估研究问题

反倾销政策的实施提高了进口产品的价格，维护了公平竞争的市场环境，为国内竞争企业提供了保护期。那么，在反倾销政策的保护期内，国内竞争企业是否能够得以尽快恢复和发展，是否提高了国际竞争能力，反倾销政策是否发挥了应有的作用，是否达到了预期的目的，这些问题都有待于做出科学判断。

（3）关于产业层面的反倾销政策效果评估研究问题

反倾销政策通过对进口竞争产品征收反倾销税，减少进口量，从而提高国内市场进口竞争产品的价格，保护我国的幼稚产业和主导产业，提高我国的产业竞争力，促进产业结构的调整和优化。那么，我国的反倾销政策是否有效地保护了进口竞争产业，是否促进了产业发展，是否促进了产业结构的优化。为了很好地解答这些问题，我们需要采用合理的方法利用相关产业数据对反倾销政策的产业影响效果进行科学的评估。

（4）基于政策角度的反倾销政策效果评估的方法模型问题

政策效果评估是政策科学的重要环节，而评估方法模型又是政策效果评估中最关键的条件。可见，评估方法模型的研究是进行反倾销政策效果评估的重中之重。然而，目前理论界不但缺乏关于反倾销政策效果评估本身的研究，更缺乏对反倾销政策效果评估方法的理论研究。为了满足反倾销实践需求，应该加强反倾销政策效果评估的研究，尤其要关注反倾销政策效果评估方法的研究。在进行评估方法研究时，需要在以下几方面展开：一般的公共政策效果评估方法是否能够照搬到反倾销政策效果评估中？反倾销政策效果的评估方法具有什么样的特点？反倾销政策效果的评估方法应如何设计？

# 反倾销政策作用的原理及其传导机制研究

反倾销政策作为一种贸易保护政策，已经被世界各国广泛使用，用以保护本国产业。进口国通过采取实施征收反倾销税等措施，提高不公平贸易的进口产品价格，降低其低价竞争能力，从而保护进口国的工业企业及相关产业，避免进口国企业在国际贸易中处于相对劣势。那么，反倾销政策作用的过程如何，作用原理如何，通过何种途径和方式影响企业和产业以达到保护产业的目的呢？本章将对这些问题进行深入探讨。

## 3.1　反倾销调查程序

由 WTO《反倾销协议》的规定可知，反倾销政策的实施首先必须要经过一系列的合法程序。根据我国的反倾销调查实践工作，反倾销调查的主要工作流程如图 3.1 所示，其中虚线框部分为非必经程序。据图 3.1，工作流程大致可以分为以下四个部分。

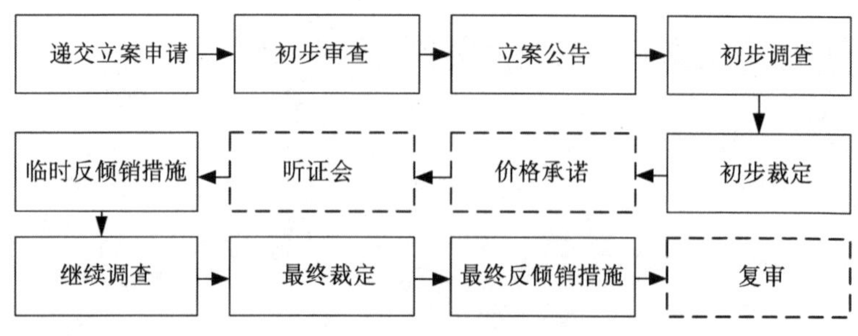


**图 3.1　反倾销调查程序流程图**

（1）案件的发起

反倾销案件的发起是展开调查的先决条件。根据我国《反倾销条例》规定，反倾销案件的发起方式有两种：一是由国内产业或者代表国内产业的自然人、法人或者有关行业协会组织，向商务部提出反倾销调查书面申请；二是由商务部根据存在损害的充分证据决定立案调查。实践工作中第一种情况较为常见。调查机关首先对发起申请人的资格进行审查。根据《反倾销条例》的规定，申请人及其支持者的产量占全国总产量的 50% 以上，可以代表国内产业提出申请；如果低于 25%，申请应当被驳回。然后，调查机关审查申请人的申请书，在此期间，可以要求申请人对其申请书进行调整和补充。如果调查机关决定立案，将发布立案公告，进入实质调查阶段。

（2）案件的调查

立案后随即进入调查阶段，调查机关将根据《反倾销条例》的规定，对倾销、倾销幅度、产业损害及因果关系等进行调查。

反倾销调查可以采取多种方式，包括发放调查问卷、进行抽样调查、举行听证会、实地核查、向利益关系方提供陈述机会等。其中，发放调查问卷并对其结果进行分析是调查机关采用的主要方式。

（3）案件的裁决

商务部调查机关根据案件调查的事实以初裁公告、终裁公告的形式发布案件的裁决结果。在初裁阶段，调查机关根据初步掌握的证据，判定案件中是否存在倾销、损害及二者间的因果关系，并据此决定是否采取临时反倾销措施。如果其中一项或多项调查结论是否定的话，调查机关就会终止反倾销调查。如果各项调查结论均为肯定，调查机关就会公布临时反倾销措施，并进一步展开反倾销调查。在终裁阶段，调查机关会根据进一步调查所掌握的更多事实证据以及相关利益关系方协调的结果继续对初裁决定的结果作出裁定，并据此公布最终调查结论。

（4）反倾销复审

反倾销复审是调查机关在反倾销措施实施之后，对案件发生的其他变化情况审查的一种事后审查制度。我国的复审类型主要有三种：期中复审、期终复审和新出口商复审。

期中复审是指反倾销措施执行一段时间（通常为一年）后，应利害关系方申请或调查机关主动发起的对反倾销措施进行的一种复审调查。该复审申请可由国内产业、涉案国（地区）的出口商、生产商或是国内进口商提出。期中复审的内容根据申请方的不同而不同。如进口商提出期中复审申请的，期中复审仅限于对声明将向调查机关提交有关证据和材料的出口商、生产商被调查产品的正常价值、出口价格和倾销幅度进行审查。

期终复审即为日落复审，是指反倾销税征收 5 年期满前进行的行政复审，为反倾销措施是继续生效、延伸和提高税率，还是终止提供决策依据。与期中复审不同，期终复审的重点在于评估反倾销措施对国内产业的救济效果，以及反倾销措施终止后，倾销继续发生或者再度发生的可能性。如果存在证据表明反倾销救济效果不够理想，没有达到预期目的；或者反倾销措施的终止会导致倾销继续或者再度损害国内产业，调查机关会维持继续采取反倾销措施的裁定，并根据新的情况决定反倾销税率的高低。

新出口商复审是指原反倾销调查期内未向我国出口过被调查产品的涉案国（地区）出口商、生产商，在原反倾销措施生效后要求为其确定单独反倾销税率的复审。该复审审查的重点在于调查新出口商、生产商的倾销行为及其对国内产业的损害状况。

## 3.2 反倾销政策的作用过程分析



针对某涉案产品实施反倾销政策，无论是与出口国达成的价格承诺协议，还是最终实施5年甚至更长期的反倾销税，其根本目的在于增加国外涉案产品的成本、提高其进口价格、限制进口数量从而达到救济国内产业的目的。由于经济系统的复杂性以及各系统要素之间的关联性，反倾销政策对贸易、企业、产业以及整个国民经济产生一系列的影响。反倾销政策会引发一系列的经济效应，其作用过程即为各经济效应产生的过程。反倾销政策的作用过程如图3.2所示。

### 3.2.1 贸易救济效应

反倾销政策作用的首要环节是国际贸易。根据国内外的研究成果可知，反倾销政策在贸易环节产生的经济效应主要表现为调查效应、贸易限制效应以及贸易转移效应。其中，调查效应是指

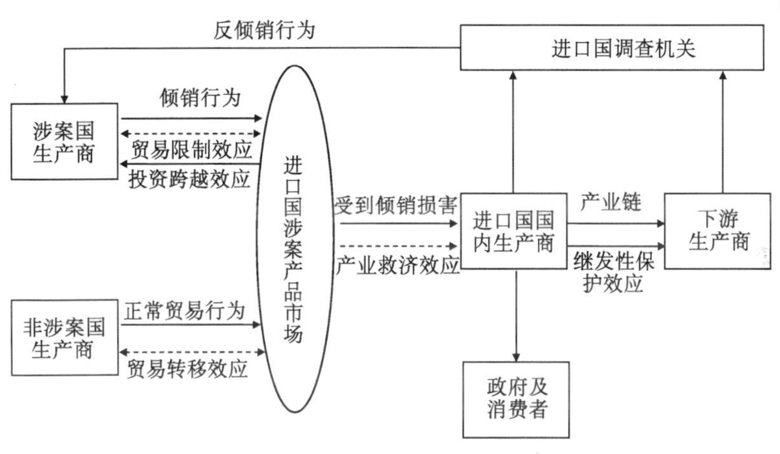


**图 3.2　反倾销政策作用过程示意图**

在一些反倾销案件中，即便最终没有采取反倾销措施，仅反倾销调查就传递了涉案产品价格会上升的信号，从而引起企业一系列的行为策略调整的反应，这就是反倾销的一种威慑干扰效应；贸易限制效应是指反倾销政策通过实施反倾销措施提高进口产品的价格，降低涉案产品在国内市场的需求，从而使得国外厂商减少该产品的供应量，实现限制涉案国的进口数量，消除国外厂商倾销行为的目的；而贸易转移效应则是指由于反倾销措施间接提高了对非涉案国产品的需求，往往会出现非涉案国供应量即出口量增多，市场份额向非涉案国转移的现象。显然贸易转移效应一定程度上削弱了反倾销的贸易救济效果。

### 3.2.2　产业救济效应

反倾销政策实施的目的是通过限制倾销产品的进口量，弥补国内进口竞争性产业因涉案国的产品倾销而造成的不合理损失，从而构建“公平竞争”的国内市场环境，使国内进口竞争性企业和相关产业具备生存和可持续健康发展的条件。国外倾销产品对国内进口竞争性产业产生许多不利影响，导致国内产业同类产品生产能力不能充分发挥，产量持续下降，销售量低于同期中国国内需求量的增长，销售价格被迫大幅下降，从而销售收入持续下降，国内产业开工严重不足，库存积压，企业的生产经营陷入困境，经营状况严重恶化，同类产业发展受到严重制约。反倾销政策的实施首先要弥补倾销所产生的产业损害。对产业的直接救济效应主要表现为抑制进口量、价格回升、市场份额扩大、企业利润增加、逐步削弱对国内产品市场的冲击、改善了国内产业的生存和发展环境、使同类产品生产企业不断开发新技术、提升国际竞争力。反倾销政策在对国内进口竞争性产业带来直接救济效应的同时，对具有垂直市场结构的下游产业带来了短期的损害，容易产生下游产业的继发性保护效应。继发性保护效应不会直接影响反倾销的产业救济效应，只是扩大了反倾销政策保护的范围。但从长期来看，反倾销政策的实施会创造公平的竞争环境，这对下游产业的发展是有利的。然而，贸易转移效应一定程度上会削弱反倾销政策的产业救济效应。



### 3.2.3　投资跨越效应

反倾销政策会对国民经济的各个组成部分产生联动影响。除了直接影响贸易和产业外，还会影响国际直接投资，从而引发投资跨越效应。这种效应是指跨国公司为了规避东道国对其产品进口设置的反倾销等贸易壁垒而进行的对外跨国直接投资。反倾销政策的实施激励了出口企业通过投资设厂的方式来跨越反倾销保护，规避反倾销税，由此产生了反倾销保护的投资跨越效应。大量的事实表明，反倾销政策引发的投资跨越效应是存在的，例如聚氯乙烯反倾销措施引发台湾台塑公司对内地的投资，邻苯二酚反倾销引发了国外垄断性企业法国罗地亚对华直接投资。投资跨越效应的存在将会加剧进口国的国内竞争，可能使国内生产商面临更加糟糕的境况。从这个意义而言，反倾销的投资跨越效应是与反倾销政策保护产业的初衷相背离的，一定程度上会削弱反倾销政策的产业救济效果。

综上所述，进口国调查机关根据国内进口竞争产业及其相关产业的倾销损害情况实施反倾销调查程序直至最后实施反倾销政策。可见，反倾销政策实施的根本目的是救济国内产业免受国外倾销产品的损害，因此，反倾销政策本质上具有产业政策的作用，保护国内产业和企业是反倾销政策设计的初衷。相对于反倾销所引发的其他经济效应而言，产业救济效应是最为关键和根本的。而贸易救济效应是产业救济效应发生的必要条件，反倾销政策通过救济贸易利用市场机制中的价格机制来救济产业。然而，反倾销政策引发的其他经济效应如投资跨越效应和继发性保护效应会对产业救济效应产生一定程度的正面和负面影响。



## 3.3　反倾销政策作用的原理分析

反倾销政策的作用目标是保护进口竞争产业免受不公平贸易的损害，促进其发展。那么反倾销政策作用的内在原理如何呢？关于该问题的探讨有助于我们深入理解反倾销政策效果产生的根源。

任何市场经济主体的行为在市场机制的作用下都具有自发的属性，反倾销政策作为一种自觉干预政策，不能违背市场规律，而是首先借助市场机制调节企业行为以实现促进企业和产业发展的目的。由于反倾销政策的主要形式是反倾销税，因此，反倾销政策作用的核心机制之一是价格机制。

反倾销政策的直接效应就是提高国内相同或相似产品的价格，进而通过价格机制使企业调整其经济行为从而影响产业以及整个国民经济，以实现保护国内产业的目的。据马克思主义经济学的价值规律可知，价格机制指的是价格作为一种市场信号调节资源配置的机制。基于此，价格机制与供求机制是密切相关的，即供求关系的变动会引起价格的变动，而价格的变动又引导着社会的生产和消费活动。各市场主体从价格变化中获得信息，自发调节自身的经济行为。当某种商品价格上升，相关企业会扩大这种商品的生产，增加供给，而对它的需求和消费却得到抑制，逐步产生供过于求的状况，商品价格随之下降并逐步达到均衡；反之，当某种商品价格下降，就会刺激对它的需求和消费，而相关企业也逐步缩小其生产规模，减少供给，价格随之上升并逐步实现均衡。反倾销政策利用价格机制这一最有效和最灵敏的经济调节手段，通过政策干预提高进口竞争产品的价格，从而刺激国内厂商迅速恢复生产，增加供给，扩大国内市场的份额，自发地调节资源在社会各生产部门和企业之间的分配，并激励企业改进生产技术，提高生产效率，创造公平竞争的国内市场环境。



反倾销政策通过征收反倾销税等措施提高进口竞争产品的价格，限制国外厂商的进口量，即减少国内市场进口竞争产品的供给，为国内企业迅速增加国内市场份额创造机会。反倾销政策的实施会使倾销企业调整涉案产品价格，而且反倾销税的征收会使进口产品价格发生变动，该产品的供求关系随之发生变动，从而本产业价格受到影响，同时一个产业价格的变动会传递给其他关联企业、产业、消费者、政府，因此反倾销政策的影响效应可以分为价格直接效应和价格传递效应。一方面进口倾销损害国内企业利益时，企业进行反倾销申诉，会威慑倾销企业调整产品价格，肯定性的反倾销初裁和终裁，会对国内同类产品价格以及产业价格指数产生直接影响。另一方面，反倾销政策对企业产生的直接价格效应，通过企业关联、产业关联机制，传递给其上下游关联企业和产业，引发相应的成本、价格、产出、收益等变动，导致国内整体物价水平、供求状态、消费者生活水平、政府财政收入等的变化。这些变化都是反倾销政策的价格直接效应通过企业、产业间的经济技术联系传递而来。

可见，反倾销政策作用的价格机制通过反倾销税的征收提高涉案产品的价格，进而企业依据变化的价格调整其产量等一系列相关决策，扩大生产规模，增加市场份额，弥补因倾销而遭受的损害，改善生存环境。

另外，反倾销政策的实施过程中还存在一些其他影响企业行为的作用机制，如激励机制。由于反倾销政策的实施通过价格机制对市场进行自觉干预，促进了市场结构和市场机制的完善，维护了市场的正当竞争秩序，为我国企业创造了公平竞争的生存和发展环境。反倾销税的征收使得国外竞争产品价格提升，市场份额减少，从而扩大了国内进口竞争企业的市场需求，扩大了的市场需求为进口竞争企业提供了新的市场机会和管理创新诱因。管理创新主要是在对传统管理方式、传统管理思想的扬弃的基础上，变革管理者工作方式的创新行为。管理者工作方式的改变意味着对所控制的管理要素进行重新设计，其包含的内容非常宽泛，诸如战略制定、项目管理、员工管理等方面的创新都属于管理创新的内容。具体到管理创新实践，根据对国务院评出的第十一、十二、十三届共三届 409 项国家级现代管理创新成果分析可知，当前我国企业主要的管理创新成果包括营销管理、战略决策与实施、人力资源管理、科技创新、系统优化、重组整合等。全球经济竞争环境下，任何企业要持续发展必须重视创新战略的支撑地位，需要将资源更为合理配置于创新，以不断提升企业竞争力（徐伟，2016）[138]。这样，反倾销政策使进口竞争企业获取了管理创新的动力，从而激励进口竞争企业不断在市场营销策略、战略制定与实施、人力资源管理、科技创新等方面加大精力投入，优化配置相关资源，提高科技创新的能力，以提高市场占有率，获得更多的利润，获取竞争优势，提升企业的国际竞争力。这样，反倾销政策实施期满时，进口竞争企业和产业就会达到最终不受保护的理想状态，步入良性发展。

可见，反倾销政策为本国进口竞争企业和产业提供了恢复和发展的机会，创造了公平竞争的市场环境，激励进口竞争企业加大管理创新投入，从而更有效的与国外竞争企业进行有力的竞争，实现反倾销政策促进进口竞争企业和产业发展的目的。

综上所述，反倾销政策借助市场自发调节的价格机制，通过对经济规律的把握利用政策自觉干预，弥补进口竞争产业所遭受的产业损害，激励进口竞争企业进行管理创新，提升国际竞争力，从而使得进口竞争企业和产业改善生存条件，获取长足发展的动力。



## 3.4 反倾销政策作用下的企业行为分析

由反倾销政策的作用过程可知，反倾销政策直接针对的是相关涉案产品，然而产品属于无行为主体范畴，不会根据反倾销政策的实施进行相应的行为调整。而生产涉案产品的企业则是行为市场主体，能根据市场环境的变化作出决策进行战略行为的调整。因此，反倾销政策的影响效果主要是通过生产涉案产品的企业行为反应加以体现。并且，企业是产业的重要组成部分，而产业同样属于无行为主体的集合概念，因而企业层面反倾销政策效果是产业层面反倾销政策效果产生的根源所在。可见，反倾销政策进行产业保护的根本在于企业行为的调整。因此，可以说对反倾销政策作用下的企业行为进行分析是评估反倾销政策是否实现预期产业保护目的的关键。

在市场竞争中不但企业之间存在着一种相互依赖的关系，即一个厂商的利润必然会直接受到其他厂商战略选择的影响，而且市场环境和政策都会对企业的战略行为产生影响。反倾销政策作为一种产业保护政策同样会对相关企业的生产、利润等生产决策行为以及技术进步、市场营销策略、战略顶层制度设计等企业发展因素产生影响。据第 2 章关于反倾销企业战略行为影响效应的文献综述可知，许多学者利用博弈论对反倾销背景下的企业战略行为动机进行了大量研究。但是大多数文献的研究重点是企业如何通过调整价格与产量决策来影响或改变反倾销的调查结果，对反倾销政策实施后的企业战略行为反应研究较少。而本研究主要关注反倾销政策实施后的企业战略行为反应，目的是为反倾销政策实施效果的评估寻求理论依据。



### 3.4.1　基于 DTGMIC 模型分析反倾销政策作用下的企业生产决策行为

DTGMIC 博弈模型是动态两阶段非完全竞争博弈模型（a Dynamic Two - period Game Model of Imperfect Competition）的缩写。本节将基于动态两阶段非完全竞争博弈模型对反倾销税征收后的企业生产决策行为进行研究。

第一步，模型的构建。

假设存在两家企业：中国企业（用 H 表示）和外国企业（用 F 表示）。外国企业 F 将产品出口到中国市场，两家企业在中国市场进行竞争。假定竞争策略符合古诺竞争模型。

（1）需求函数和利润函数的设定

设 i=1，2 为反倾销政策实施过程中的两个阶段，$x_i$代表国内企业 H 在 i 阶段的产量，$y_i$代表国外企业 F 在 i 阶段向国内市场的出口量，其效用函数的形式如下：

$$f(x,y)=hx-\frac{l}{2}x^2+ay-\frac{b}{2}y^2-kxy \tag{3.1}$$

其中，所有的参数 $h$，$a$，$l$，$b$，$k$ 均大于 0，$bl-k^2>0$。

由（3.1）式求得反需求函数为：

$$p_x=h-lx-ky \tag{3.2}$$

$$p_y=a-by-kx \tag{3.3}$$

其中，$p_x$，$p_y$ 为 $x$ 和 $y$ 的价格，$l$，$b$ 表示 x 和 y 产量对自身价格的影响。$k$ 表示产品的差异程度，为了保证两种产品不完全替代，自身的价格效应大于交叉价格效应，设定 $l$，$b>k$。当 $k=0$ 时，两种产品是独立的，当 $h=a$ 和 $l=b=k$ 时，两种产品是完全替代的。



在模型的第一阶段没有反倾销政策的实施，但是国内企业 H 已经觉察到了倾销的存在，于是，国内企业 H 根据倾销损害的情况向调查当局提出反倾销申诉请求实施反倾销政策。如果获得肯定性裁决，在模型的第二阶段，反倾销政策得以实施，对国外企业 F 的出口产品征收相应的反倾销税。

假设企业 H 和 F 分别以不变平均成本 $c^H$ 和 $c^F$ 进行生产。在国内市场上的两企业在第 1 阶段的利润函数分别为：

$$\pi^H(x,y)=p_x x-c^H x \tag{3.4}$$

$$\pi^F(x,y)=p_y y-c^F y \tag{3.5}$$

在第 2 阶段，当我国反倾销调查机关作出肯定性裁决时，就会对国外企业 F 课征税率为 t 的反倾销税，这时我国企业 H 的利润函数不会发生变化，而国外企业 F 的利润函数变为：

$$\pi^F(x,y;t)=p_y y-c^F y-ty \tag{3.6}$$

（2）反倾销税率的确定

根据 WTO 反倾销规则的规定，反倾销政策实施的前提是存在倾销和存在产业损害，并且两者之间具有因果关系。并且还规定，反倾销税的征收遵循“税率从低”原则，即根据倾销幅度和损害幅度中较低者征收反倾销税。因此，确定反倾销税率需要确定倾销幅度和损害幅度，并对两者进行比较。

①倾销幅度的确定。由于正常价值是由调查机关根据多方面的综合因素合理推定的，企业无法进行干预，因此，把它作为外生变量，设为 P，则第 1 阶段的倾销幅度为：

$$DM(x_1,y_1)=P-p_y \tag{3.7}$$

将（3.3）式 $p_y$ 的值代入（3.7）式得：

$$DM(x_1,y_1)=P-a+by_1+kx_1 \tag{3.8}$$

由于 $b$，$k>0$，所以：

$$\frac{\partial DM}{\partial x_1}>0,\frac{\partial DM}{\partial y_1}>0 \tag{3.9}$$

这说明，倾销幅度是第 1 阶段国内企业 H 的生产量和国外企业 F 的出口量的增函数。

②损害幅度的确定。WTO 反倾销协议没有给出明确的损害幅度确定方法，目前也没有统一的损害幅度计算方法，根据一些学者的研究，损害幅度确定的基本依据是进口产品对本国产品的价格削减幅度，据此，我们根据进口产品与本国产品的价格之差确定倾销的损害幅度，其计算公式为：

$$IM(x_1,y_1)=p_x-p_y \tag{3.10}$$

将（3.3）式代入得：

$$IM(x_1,y_1)=h-a+(k-l)x_1+(b-k)y_1 \tag{3.11}$$

由于 $b,l>k$，所以：

$$\frac{\partial IM}{\partial x_1}<0,\frac{\partial IM}{\partial y_1}>0 \tag{3.12}$$

这说明，在第1阶段损害幅度是国内企业H产量的减函数，是国外企业F出口量的增函数。

根据税率从低原则，反倾销税的征收最终按照DM和IM中较小者确定，即：

$$t=\min[DM,IM] \tag{3.13}$$

（3）两阶段博弈

国内企业H和国外企业F的博弈规则如下：

在第1阶段两企业同时选择各自的产出水平 $x_1,y_1$。由于第1阶段的产量水平均可以被观察到，因此在第2阶段，两企业在第1阶段产量水平的基础上同时选择第2阶段的产出水平 $x_2,y_2$。该模型的第1阶段为调查机关寻找证据确定倾销和损害的调查阶段，如果第1阶段调查机关作出肯定性裁决，则第2阶段将按照倾销幅度和损害幅度中较小者进行反倾销税的征收。

这一博弈会产生三种可能的结果：第一，由于第1阶段没有倾销或损害的存在，所以第2阶段不征收反倾销税；第二，第1阶段倾销幅度和损害幅度均为正值，并且倾销幅度小于损害幅度，这种情况下反倾销税是按照倾销幅度进行征收；第三，第1阶段倾销和损害均存在，并且倾销幅度超过损害幅度，此时，第2阶段按照损害幅度征收反倾销税。

据本书研究的需要仅关注反倾销税征收的情况，即上述的第二和第三种可能的结果。此时两企业H，F在第2阶段的利润支付函数分别为：

$$\pi^H(x_1,y_1)+\pi^H(x_2,y_2) \tag{3.14}$$

$$\pi^F(x_1,y_1)+\pi^F(x_2,y_2,t) \tag{3.15}$$

其中，$\pi^H(x,y)$，$\pi^F(x,y)$由（3.4）式，（3.5）式可得，$\pi^F(x_2,y_2,t)$由（3.6）式可得，t 值由（3.13）式确定。

第二步，反倾销政策对企业生产决策行为的影响分析。

根据逆向归纳法，首先求出第 2 阶段的子博弈均衡解，然后再据此获得第 1 阶段的反应函数，最终求得整个博弈模型的均衡解。由于本书仅关注反倾销政策实施后的企业决策战略行为反应，因此，只需求得第 2 阶段上述第二和第三种可能结果的子博弈均衡解即可。

（1）反倾销政策对我国企业产量决策的影响

根据（3.9）式得：

如果反倾销税按照倾销幅度征收，那么，我国企业的产出量会随着反倾销税的增加而增加。

根据（3.12）式得：

如果反倾销税按照损害幅度征收，那么，我国企业的产出量会随着反倾销税的增加而减少。

（2）反倾销政策对我国企业利润的影响

反倾销政策的实施，对国外企业 F 征收 t 税率的反倾销税，根据利润最大化原则，将（3.2）式、（3.3）式和（3.6）式联立，求一阶导数得：

$$\frac{\partial \pi^F}{\partial y} = a - c^F - t - kx_2 - 2by_2 \tag{3.16}$$

由$\frac{\partial \pi^F}{\partial y}=0$，得国外企业 F 的反应函数为：

$$kx_2 + 2by_2 = a - c^F - t \tag{3.17}$$

将（3.2）式、（3.3）式和（3.4）式、（3.5）式联立，根据利润最大化原则，求得国内企业 H 的反应函数为：

$$2lx_2 + ky_2 = h - c^H \tag{3.18}$$

将（3.17）式和（3.18）式联立，求得不同税率 t 的纳什均衡产量$(x_2^*(t), y_2^*(t))$：

$$x_2^*(t) = \frac{1}{\Delta}[2b(h - c^H) - k(a - c^F)] + \frac{k}{\Delta}t$$

$$y_2^*(t) = \frac{1}{\Delta}[2l(a - c^F) - k(h - c^H)] - \frac{2l}{\Delta}t \tag{3.19}$$

其中，$\Delta = 4bl - k^2 > 0$。则我国企业 H 在反倾销政策作用下的利润函数记为：

$$\pi_2^{*H}(t) = \pi^H(x_2^*(t), y_2^*(t)) \tag{3.20}$$

求一阶导数得：

$$\frac{d\pi_2^{*H}(t)}{dt} = \frac{2kl}{\Delta}x_2^*(t) > 0 \tag{3.21}$$

所以，在反倾销政策的作用下，我国企业利润是反倾销税率的增函数，随着反倾销税率的增大而增加。

综合以上分析可得反倾销政策作用下我国企业的生产决策行为结论如下：

①以倾销幅度征收反倾销税时，我国企业产量随着反倾销税的增加而增加；

②以损害幅度征收反倾销税时，我国企业产量随着反倾销税的增加而减少；

③对国外企业征收反倾销税时，我国企业利润随着反倾销税率的增加而增加。

### 3.4.2 反倾销政策作用下的企业管理创新实施行为分析

国外产品倾销传递了国外企业具有成本竞争优势的信息。尽管反倾销政策的实施暂时抑制了国外产品的进口量，提高了国内市场涉案产品的价格，但是从根本上分析，我国进口竞争企业遭受倾销损害的主要原因在于缺乏竞争优势，也就是说，我国进口竞争企业急需加大管理创新方面的精力投入，改进组织管理模式，寻求较优的市场营销策略，创新人力资源管理方法，促进科技创新，加强顶层战略制度设计，降低企业的生存成本，以使自身具备更多的竞争优势，把握更好的发展机遇，提升国际竞争力。否则，一旦反倾销政策到期，我国的进口竞争企业将再次处于生存困境。

在借鉴 Miyagiwa and Ohno (1995)[139] 就暂时性关税保护对被保护企业技术创新行为分析模型的基础上，利用修正后的模型，对反倾销政策作用下的企业管理创新实施行为进行理论分析，实施管理创新意味新管理策略的采纳，管理策略的改变最终表现为企业产品生产成本的改变。

第一步，模型的构建。

假设国内市场存在国内企业 H 和国外企业 F，生产商品具有差异性，他们的竞争符合古诺竞争策略。设定连续变量时间 $t$，$t\in[0,+\infty]$。当 $t=0$ 时，国外企业 F 已经实施了新的管理策略 $\theta$，并且按边际成本 $c_\theta$ 进行生产，国内企业 H 由于管理策略$\partial$落后，其边际成本为 $c_\partial$，则 $c_\partial>c_\theta$。国外企业 F 较低的边际生产成本导致了较低的产品均衡价格，因此，国外企业 F 的竞争使得国内企业 H 寻求政府的反倾销政策保护。

设定国内企业 H 和国外企业 F 的需求函数 $q^h$，$q^f$ 分别为：

$$q^h=1-p^h+\Upsilon p^f \tag{3.22}$$

$$q^f=1-p^f+\Upsilon p^h \tag{3.23}$$

$p^h$，$p^f$ 分别为 H，F 企业所生产产品的价格，参数 $\Upsilon$ 代表 H 和 F 所生产产品的可替代程度，假设 $0\leqslant\Upsilon<1$。并设国内企业实施管理创新的时间为 $t^j$。

当 $t<t^j$ 时，国内企业 H 的收益函数为：

$$\pi_{\partial}^{h}=(p^{h}-c_{\partial})q^{h} \tag{3.24}$$

其中，∂代表企业 H 当前的管理策略。

当 $t>t^{j}$ 时，实施了新的管理策略 $\theta$，进行管理创新会产生成本投入，用 $k(t)$ 表示。国内企业 H 的收益函数为：

$$\pi_{\theta}^{h}=(p^{h}-c_{\theta})q_{t}^{h} \tag{3.25}$$

对于任何的 $t$，国外企业 F 的收益函数为：

$$\pi_{\theta}^{f}=(p^{f}-c_{\theta})q^{f} \tag{3.26}$$

由于不考虑管理创新所产生的损失，因此，设 $c_{\theta}=0$，那么，将 $c_{\partial}$简记为 $c$，$c>0$。

第二步，反倾销政策实施之前，国内企业 H 实施管理创新与不实施管理创新的收益分析。

反倾销政策实施之前，国外企业 F 已经实施了管理创新，国内企业 H 没有实施管理创新，即 $t<t^{j}$，则收益函数为：

$$\pi_{tj,\partial}^{h}=(p^{h}-c)q^{h}$$

$$\pi_{tj,\theta}^{f}=p^{f}q^{f} \tag{3.27}$$



由利润最大化原则得到下列反应函数：

$$p^{h}(p^{f})=\frac{1+\Upsilon p^{f}+c}{2}$$

$$p^{f}(p^{h})=\frac{1+\Upsilon p^{h}}{2} \tag{3.28}$$

均衡价格为：

$$p_{tj,\partial}^{h}=\frac{2+2c+\Upsilon}{4-\Upsilon^{2}}$$

$$p_{tj,\theta}^{f}=\frac{2+\Upsilon+c\Upsilon}{4-\Upsilon^{2}} \tag{3.29}$$

由（3.29）式以及 $0\leqslant\Upsilon<1$ 得，$p_{tj,\partial}^{h}>p_{tj,\theta}^{f}$

由（3.27）式和（3.29）式得收益函数为：

$$\pi^h_{tj,\partial} = \frac{(2 + \Upsilon - 2c + \Upsilon^2 c)^2}{(4 - \Upsilon^2)^2}$$

$$\pi^f_{tj,\theta} = \frac{(2 + \Upsilon + \Upsilon c)^2}{(4 - \Upsilon^2)^2} \tag{3.30}$$

当 $0 \leqslant \Upsilon < 1$ 时，$\pi^h_{tj,\partial} < \pi^f_{tj,\theta}$

当 $t > t^j$ 时，国内企业 H 实施了管理创新，其收益状况为：

两企业都实施管理创新后，不考虑其他价格决定因素，则有：

$$p^h_{tj,\theta} = p^f_{tj,\theta} = \frac{1}{2 - \Upsilon} \tag{3.31}$$

均衡利润为：

$$\pi^h_{tj,\theta} = \pi^f_{tj,\theta} = \frac{1}{(4 - \Upsilon^2)^2} \tag{3.32}$$

则国内企业实施管理创新的最佳时间 $t$ 的确定需要使得下列时间利润函数值最大。

$$\Gamma = \int_0^{tj} e^{-rt} \pi^h_{tj,\partial} dt + \int_{tj}^{+\infty} e^{-rt} \pi^h_{tj,\theta} dt - e^{-rtj} k(t^j) \tag{3.33}$$

其中，$r$ 表示利率。经过计算推导得实施管理创新最佳时间为满足下列等式的 $t$：

$$rk(t) - k'(t) = \pi^h_{tj,\theta} - \pi^h_{tj,\partial} \tag{3.34}$$

(3.34) 式表示的是实施管理创新的边际成本等于边际收益。满足该等式的时间 t 为最佳实施时间。

由前面的假设可知，$k'(t) < 0$，则（3.34）式的左边大于 0，也就是说，当国内企业 H 在最佳时间实施管理创新时，$\pi^h_{tj,\theta} > \pi^h_{tj,\partial}$。

由此可知，在反倾销政策实施前，遭受倾销损害的国内企业 H 就存在实施管理创新的动机。

第三步，反倾销政策实施后，国内企业 H 实施管理创新和不实施管理创新的收益分析。

反倾销政策的实施，对国外企业 F 征收反倾销税 d，则：

$$d = p^h_{ij,\partial} - p^h_{ij,\theta} = c(2 - \Upsilon) \tag{3.35}$$

反倾销税的征收，国内企业 H 的利润函数没有变化，则国外企业 F 的收益函数变为：

$$\pi^f_{D,\theta} = (p^f - d)q^f \tag{3.36}$$

国内企业 H 未实施管理创新时的均衡价格及利润为：

$$p^h_{D,\partial} = \frac{2 + 2c + \Upsilon + d\Upsilon}{4 - \Upsilon^2} \tag{3.37}$$

$$\pi^h_{D,\partial} = \frac{(2 + \Upsilon + d\Upsilon - 2c + \Upsilon^2 c)^2}{(4 - \Upsilon^2)^2} \tag{3.38}$$

国外企业 F 被课征反倾销税时的均衡价格及利润为：

$$p^f_{D,\theta} = \frac{2 + 2d + \Upsilon + c\Upsilon}{4 - \Upsilon^2} \tag{3.39}$$

$$\pi^f_{D,\theta} = \frac{(2 + \Upsilon - 2d + c\Upsilon + \Upsilon^2 d)^2}{(4 - \Upsilon^2)^2} \tag{3.40}$$

当国内企业 H 实施管理创新后，其边际成本与国外企业 F 的边际成本相等，均为 0，实施管理创新后的价格也相等。

国内企业 H 实施管理创新后的均衡价格及利润为：

$$p^h_{D,\theta} = p^f_{D,\theta} = \frac{2 + 2d + \Upsilon + c\Upsilon}{4 - \Upsilon^2} \tag{3.41}$$

$$q^h_{D,\theta} = \frac{2 - 2d + \Upsilon - c\Upsilon + 2d\Upsilon + c\Upsilon^2}{4 - \Upsilon^2} \tag{3.42}$$

$$\pi^h_{D,\theta} = p^h_{D,\theta} q^h_{D,\theta} \tag{3.43}$$

将（3.41）式和（3.42）式代入（3.43）式中后，并与（3.38）式求差后得：

$$\pi^h_{D,\theta} - \pi^h_{D,\partial} = \frac{2\Upsilon d - 2\Upsilon^2 d + 4d}{(4 - \Upsilon^2)^2} \tag{3.44}$$

对（3.44）式对反倾销税率 $d$ 求导数得：

$$\frac{\partial(\pi_{D,\theta}^{h}-\pi_{D,\partial}^{h})}{\partial d}=\frac{2Y(1-Y)+4}{(4-Y^{2})^{2}} \tag{3.45}$$

由于 $0\leqslant Y<1$，则：

$$\frac{\partial(\pi_{D,\theta}^{h}-\pi_{D,\partial}^{h})}{\partial d}>0 \tag{3.46}$$

可见，反倾销政策作用下，国内企业 H 实施管理创新和没有实施管理创新的收益之差随着反倾销税的增加而增加，反倾销政策的实施会使国内企业 H 尽快实施管理创新，获取成本竞争优势，从而提升竞争力。

综上所述，经过对反倾销政策作用下的企业行为进行理论分析可知，反倾销政策的实施，会使得国内进口竞争企业扩大生产规模，增加销售量，提高利润。同时，国内企业为了尽快提升国际竞争力，缩小与国外企业的技术差距本身存在实施管理创新的战略动机，而反倾销政策的实施会促使他们尽快实施管理创新，加速发展。



## 3.5　反倾销政策作用的传导机制研究

由反倾销政策对企业行为影响的分析可知，反倾销政策效果产生的根源在于企业的行为反应。企业是国民经济系统的基本组成细胞，反倾销政策企业层面的作用效果会沿着企业与国民经济系统各组成部分的技术经济联系通道进行传导与扩散。

反倾销政策的实施降低了进口产品的价格竞争优势，间接增加了市场对国内企业产品的需求，从而改善了其不利的竞争环境。进而通过价格效应的传导机制以及产业间的经济技术联系将其作用传递到涉案企业及相关产业以至整个国民经济。由于国民经济各产业部门之间存在着错综复杂的联系，因而当某一产业部门的技术、产品价格、工资水平等经济因素发生变化时，会直接影响与该产业有着直接供求关系的产业部门的供求量、成本以及价格指数等经济指标，并且这样的影响将继续传递给与之相关联的其他产业部门，如此层层传递，逐渐减弱至消失。

根据国民经济的投入产出分析原理可知，政策影响效果产生传递效应的起源主要有两种形式：第一种是由于政策的影响，导致最终需求项发生了变化。某一产业的最终需求项发生变化，会引发包括本产业在内的各相关产业部门的产出水平发生变化，在投入产出表中，这种变化的影响效果表现为表中最终需求部分数据的变化或即将发生变化，并且会通过中间需求部分产业的中间产品的联系，将该效果在各相关产业部门间进行传递；第二种是政策的影响使得增加值（折旧费 + 劳动报酬 + 纯收入）发生了变化。当某一产业的增加值发生或将要发生变化时，必将会对国民经济各个产业部门的产出水平带来或大或小的影响。这类传递效果在投入产出表中表现为增加值部分某些数据的变化，从而通过中间需求部分产业之间的关联关系进行传递与扩散，从而对国民经济各个产业产生影响。



反倾销政策效果首先表现为对进口竞争企业行为的影响，然后，通过企业间的经济技术联系以及其他外界环境因素如产业政策等的作用，反倾销政策企业层面的影响效果逐步整合为产业层面的影响效果，随后，该影响效果通过产业间的复杂关联关系以及经济技术联系通道进行传递与扩散，最终表现为对国民经济整个系统以及国家政府财政收入等方面的影响。

反倾销政策的作用效果根据传递时间的先后可以划分为初始阶段、调整阶段和稳定阶段。在初始阶段，由于库存这个“缓冲器”的存在导致其他产业的产品价格调整滞后，在短期内，反倾销税所产生的直接价格效应主要波及至垂直市场结构中的直接关联产业，这些产业的成本和收益会由于上游产业的反倾销政策作用效果而发生变化，同时，政府收入也会受到相应的影响。在调整阶段，受反倾销政策影响波及的关联产业中的企业会及时根据市场情况做出行为调整。在该行为调整过渡阶段，产业间复杂的交叉关联关系会发生作用，所有关联产业为了维持原有收益，在遵循产业间经济技术联系的基础上跟随调价。在稳定阶段，反倾销政策对产业价格指数等各经济指标的影响逐步趋于平稳，各个产业收益开始恢复，价格指数等主要经济指标的变化趋于稳定，此时反倾销政策对国民经济整个系统和国家政府的影响效果逐渐显现，政府收入和消费者支出水平发生变化。

可见，反倾销政策影响效果传导机制的关键部分在于企业层面影响效果如何在产业层面进行传递与整合，在国民经济系统的其他组成部分之间的传递由于多种复杂因素的综合影响与渗透，反倾销政策的影响效果开始逐步变弱。反倾销政策效果在产业间的传递路径主要就是产业之间的联系方式。由于产业传递政策的影响效果总是通过已有的产业间通道，即产业关联的联系状态来发生的，因而政策效果的传递必然是依据产业间的联系方式和纽带所规定的线路一轮一轮地影响下去[140]。这种传导机制不仅包括传递的路径，还包括产业的关联程度。反倾销政策效果的传导机制如图 3.3 所示。

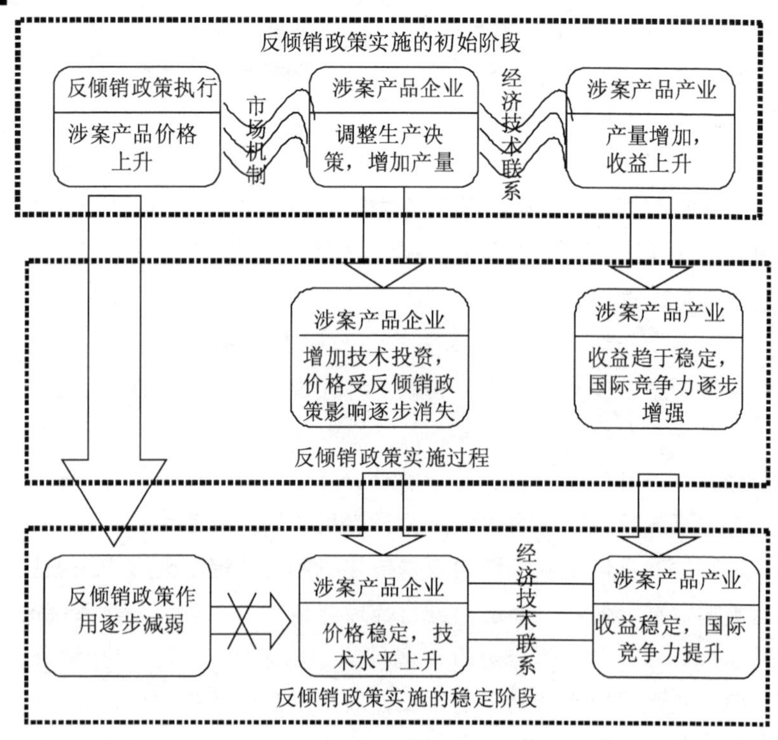


**图 3.3　反倾销政策效果传导机制示意图**

# 第4章

# 反倾销政策效果评估的理论基础研究

鉴于我国反倾销政策效果评估实践，为了满足我国反倾销调查机关反倾销政策制定的决策需求，为了提高相关企业提起反倾销申诉的积极性，为了行业协会在反倾销申诉中提供正确的指导和引领作用，亟须对反倾销政策效果进行评估研究。由反倾销政策作用的原理及传导机制的研究可知，反倾销政策通过征收反倾销税等措施提高涉案产品的价格，借助于价格机制和管理创新激励机制对进口竞争企业的战略行为产生影响，从而实现保护国内进口竞争产业免于遭受倾销损害并使其竞争力得以提升的目的。反倾销政策在企业层面的作用效果通过国民经济系统各组成部分之间的经济技术联系以及联系的深度进行传导与扩散，从而对国民经济、政府、消费者甚至国家政治形势产生广泛而复杂的影响。评估反倾销政策产生的综合作用效果可谓是一项复杂的系统工程，因此，本书仅从反倾销政策实施的目的出发，对反倾销政策企业和产业层面的作用效果进行事后评估，以检验反倾销政策在产业保护方面的有效性。

本章主要对反倾销政策效果评估的基础理论如评估目标、评估原则和对象、评估指标体系、评估方法的设计原则等进行研究，以便为反倾销政策企业和产业层面的效果评估实证研究提供理论支持。

## 4.1 评估目标、原则和对象

### 4.1.1 评估目标

反倾销政策效果评估属于政策事后评估，主要检验反倾销政策是否实现了预期的目的，因此，其评估目标主要包括以下几个方面：

第一，明确反倾销政策是否对进口国竞争企业和产业起到了救济作用，是否提高了进口竞争企业的效率，对国内进口竞争企业在反倾销政策作用下的效率与竞争力进行量化评估，同时对反倾销政策对产业的恢复与发展情况进行评估，并量化反倾销政策企业和产业层面的作用效果；

第二，对反倾销政策在企业和产业层面的作用效果进行分析，明确反倾销政策是否弥补了倾销对其造成的损害，是否起到了适度保护的作用，是否存在保护过度和不足的情况；

第三，根据评估结果得出科学合理的评估结论，分析反倾销政策的合理性以及有效性，为案件的日落复审提供必要的依据，为未来反倾销政策的实施以及制定提供理论依据，为企业和行业协会提起反倾销申诉提供决策支持。

### 4.1.2　评估原则

反倾销政策效果的评估应当遵循“公平贸易”原则、“损害补偿”原则，以及“产业发展”原则。

根据“公平贸易”原则，倾销作为一种不公平贸易行为破坏了国际贸易公平的正常市场竞争秩序，影响了进口国国内竞争产业的正常发展，损害了进口国国内生产商的利益；而实施反倾销政策用以制止倾销行为的继续发生，恢复国际贸易的正常秩序，弥补倾销对国内进口竞争产业造成的损害。因此，反倾销政策效果的评估应当依据“公平贸易”原则，重点评估反倾销政策的实施是否弥补了国内产业的损害。

根据“损害补偿”原则，为反倾销政策效果的评估提供了直接的评估标准，WTO《反倾销协议》和各国反倾销法律规定一国在进行产业损害救济时，救济幅度以弥补倾销给国内产业造成的损害为限，不宜过大和过小。也就是说救济幅度应当适中，如果救济幅度过大，不仅会损害到下游产业的利益，而且救济效果也可能适得其反，进而违反“公平贸易”原则；如果救济幅度过小，则反倾销措施难以发挥对受损产业应有的救济作用。

根据“产业发展”原则，从反倾销政策对受损产业救济的目的出发，在“损害救济”原则的基础上，反倾销政策不仅要弥补国内进口竞争企业和产业所遭受的损害，也要为企业和产业的恢复和发展提供时间、空间和机会，使得受损企业和产业在反倾销政策的合法保护下提升国际竞争力，实现又好又快的发展。

### 4.1.3　评估对象

根据对反倾销政策作用过程的分析可知，反倾销政策的直接作用对象是国际贸易，通过市场机制，反倾销政策还会对进口国内企业、产业、关联产业和国民经济等产生间接影响。然而，反倾销政策实施的最终目的主要是为了保护国内进口竞争企业和产业免受倾销损害，为国内进口竞争企业和产业提供恢复和发展的时间和空间。

从形式上看，反倾销政策效果评估的对象是反倾销政策在企业和产业层面的作用效果。然而，反倾销政策对企业的作用效果主要体现为反倾销政策作用下企业利润的增长情况、产量和销量的增长情况、技术进步情况以及组织管理水平的提升情况等方面，总的说来主要关注企业的效率情况。反倾销政策产业层面的效果主要体现为国内进口竞争产业各类经济指标的变化，如销售价格的回升、利润的增加、产量的增加、库存的减少、产业竞争力的提升等。因此，反倾销政策效果评估的对象实质上是代表国内进口竞争企业和产业恢复和发展状况的各类生产和经营的经济指标。



## 4.2 反倾销政策效果评估指标的选取与指标体系的构建

### 4.2.1 反倾销政策效果评估指标选取和指标体系构建的原则

为建立科学的反倾销政策效果评估指标体系，依据 WTO《反倾销协议》、我国《反倾销条例》以及反倾销调查机关的实践经验，结合评估目标和反倾销案件的实际与特点，遵循以下原则构建评估指标体系。

（1）可依性

评估指标的选取依据 WTO《反倾销协议》和《中华人民共

和国反倾销条例》的相关规定进行。

（2）可行性

考虑到实际收集数据在途径和时间上的困难，设计指标体系时，将充分考虑指标的可操作性，尽量选取那些能够在反倾销政策实施过程中短期内直接或间接获得数据的指标。

（3）系统性

考虑到反倾销政策实施效果本身是一个多方面因素综合作用的系统，所以在指标体系构建时对指标体系的系统性加以关注。在设计指标体系时，将采用系统设计、系统评价的原则，避免单个指标孤立化，从系统角度考虑指标设置的合理性，同时按照层次化的思想，逐层系统地设计评价指标。

（4）科学性

为正确客观的描述反倾销政策的实施效果，建立的评估指标体系应符合指标构建和设计的科学性，并对建立的指标体系进行科学化处理。本书依据国内外现有反倾销政策的研究成果和反倾销实践，同时认真听取专家学者的建议，仔细挑选指标，使其能够真实反映反倾销政策实施效果的全面情况，尽量减少人为因素的干扰。

（5）完备性

为全面评估反倾销政策的实施效果，建立的评估指标体系应尽可能反映反倾销政策对进口竞争企业和产业各方面的影响。同时选取指标时应做到宏观与微观相结合，定性与定量相结合，经济效益与公共利益相结合，综合描述反倾销政策的影响。

（6）实践性

根据反倾销政策的特点，本书将在积极征求有关专家、律师和被调研企业的建议的基础上进行政策效果评估指标的选取。

（7）动态性

考虑到反倾销政策的实施时间跨度比较长，因此，其政策效果的显现也必将是一个动态变化的过程。所以，在指标的设计上，将选取反映一定时间跨度之内政策效果的评估指标，使得建立的评估指标体系能够动态反映反倾销政策效果的全过程。

（8）客观性

反倾销措施的评估涉及贸易各方的利益关系，评估工作必须坚持客观的态度和公正的立场，才能使其结果真实可靠地反映客观情况，维护投资贸易各方的合法权益。评估应当严格按照评估目的、评估程序以及事先设计的评估方案进行，不能任意偏离或者变更；同时应当以获取的企业和产业相关数据、文件、资料等作为评估的客观依据，不能以主观判断代替客观评估行为。评估者在评估过程中应当尽可能地排除自己主观上的偏见，不能主观意愿预设结论，影响评估的客观性和公平性。

依据上述指标体系的构建原则，对反倾销政策企业和产业层面效果评估指标进行选取，并构建相应的政策效果评估指标体系。



### 4.2.2　反倾销政策企业层面效果评估指标的选取

反倾销政策是与自由贸易政策相对的，是一种非关税贸易保护政策。自由贸易政策使商品能够自由进出口，在国内外市场上进行自由竞争，其本质就是自由竞争。因此，它能够促使进口国的市场机制更加趋于完善，使进口国内部商品的相对价格更加合理，实现资源的优化配置。同时，自由贸易政策能有效推动进口国的生产技术进步，促使制度创新。而反倾销政策是对倾销所导致的不公平竞争进行人为的政策干预，用以弥补市场失灵的缺陷。它主要通过对倾销进口产品征收反倾销税等政策干预措施提高进口产品价格，抑制产品进口量，维护进口国内市场的正常竞争秩序。但是，毋庸置疑，反倾销政策的实施降低了国内市场的竞争程度，而竞争程度的降低会直接影响到进口国的技术进步程度和制度创新的速度，从而影响到进口竞争企业的效率，具体表现为进口竞争企业的产量、价格、利润、市场份额、技术进步程度等指标的变化。从理论上讲，企业效率可以简单概括为单位投入产出最大，或者单位产出的投入最低。那么，投入和产出又如何衡量呢？

从会计学的角度看，生产要素的投入意味着成本的发生，投入用生产成本进行衡量，产出可以用销售收入、利润、利税等财务指标来衡量。此时，衡量企业效率的指标主要有净资产收益率、总资产报酬率等。

净资产收益率 = 利润净额/净资产

由于不同所有制性质的企业使用的税率有所差别，因此，采用利润总额进行计算。然而利润总额的计算也是通过一系列成本归集与分摊、收入确认与加总等程序计算获得的，其中难免不会发生会计人员的职业判断，掺杂一些个人主观因素。因此，净资产收益率指标具有一定的主观性。总资产收益率指标同样会由于会计准则中会计人员的职业判断而具有个人主观成分的存在。所以，采用财务指标衡量企业效率可能会产生客观性不强以及不全面的缺陷。

根据经济学理论，投入的生产要素主要包括资本、劳动、土地等，产出一般采用工业企业增加值进行衡量，因为企业的产出不仅包括利润，还包括职工的个人工资以及政府所得的税收等，使用增加值指标进行衡量更全面和完备。

企业的总产出 = 企业增加值 = 企业利润总额 + 职工工资及福利 + 营业税及附加 + 增值税

由生产函数可知，企业的总产出可以分为两部分：一部分是要素投入产生的，另一部分是技术进步、组织管理水平提升等其他非投入因素促使产出效率提高而带来的。反倾销政策效果主要表现为通过促进技术进步、提升组织管理水平、顶层战略制度设计等其他非生产投入要素方面而导致的产出增加。为了提高评估的合理性和科学性，反倾销政策企业层面效果的衡量一般应选取相对数，即生产率。生产率也包括两个部分：一部分是由于生产要素投入而产生的，另一部分也是源于技术进步、管理水平提升、组织机构改善等其他非投入因素。显然，衡量反倾销政策效果的生产率属于其他非投入因素而产生的。由生产函数的分解可知，源于非投入因素而产生的生产率就是全要素生产率（Total Factor Productivity）。全要素生产率是为了测定技术进步而引申出来的一种方法，本质上是一种效率。因此，反倾销政策对企业效率及竞争力所产生作用大小的评估指标即为全要素生产率。

全要素生产率属于综合性指标，能够较好地反映反倾销政策企业层面效果。因此，选用该综合性指标，以避免许多单一指标所带来的相关性问题的影响，从而使得评估结果更加合理而科学。



全要素生产率可用数学模型来定义，如（4.1）式。

$$TFP = \frac{Y}{\sum_{i=1}^{n} \lambda_i X_i} \tag{4.1}$$

其中，$Y$ 表示产出，$X$ 表示全要素生产率的投入要素，$\lambda$ 为投入要素的权重。

事实上，采用不同的生产函数形式，就会有不同的全要素生产率公式，在全要素生产率的计算中，最困难的问题是确定投入要素的权重。一般的方法就是建立数学模型，采用回归分析法来求得。

### 4.2.3　反倾销政策产业层面效果评估指标的选取及其体系的构建

反倾销政策产业层面效果主要表现为反倾销政策的实施是否弥补了倾销所造成的产业损害，是否促进了产业的发展，是否提升了产业国际竞争力。根据 WTO《反倾销协议》和我国的《反倾销条例》规定，确定产业损害所依据的指标主要有销售量、利润、产能利用率、产量、就业人数等，大多数国家在产业损害确定实践中采用的是多个评价指标构成的指标体系。另外，由于产业层面反倾销政策影响的复杂性，很难使用单一综合性指标进行衡量。因此，反倾销政策产业层面效果评估首先需要构建合理而科学的评估指标体系。

基于反倾销政策效果评估指标体系的构建原则，根据《WTO 反倾销协议》和《中国反倾销条例》中的有关规定，结合国内外学者已有的研究成果，尤其是何海燕[118]（2003）、常明[136]、赵飞[137]在反倾销产业救济效果评估中构建的评估指标体系，基于我国反倾销调查实践，在广泛征求专家学者意见的基础上，从产业规模、市场销售、经济利润和就业福利等反映进口竞争产业经营和发展状况的四个角度选择了 11 个定量化指标，用于描述反倾销政策产业层面的效果。构建的指标体系如图 4.1 所示。

各具体指标的解释及其计算公式如表 4.1 所示。

反倾销政策产业层面效果评估指标体系中的四组指标能够直观、量化的反映出产业的生存和发展现状，一定程度上能够预测产业的发展趋势，为反倾销政策产业层面效果的评估提供了有力的依据。

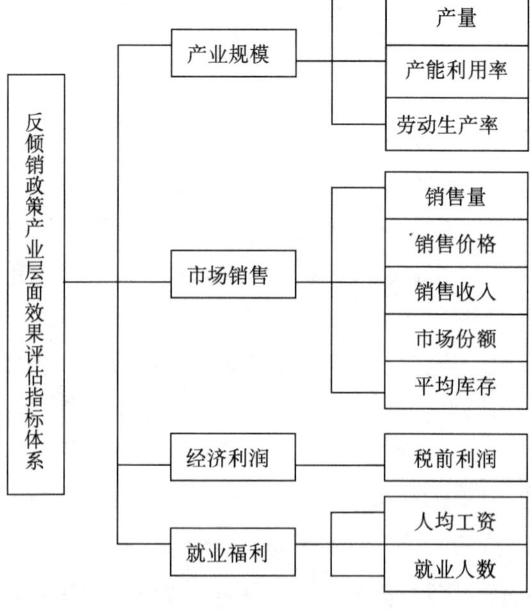


**图 4.1　反倾销政策产业层面效果评估指标体系图**



**表 4.1　反倾销政策产业层面效果评估指标解释及其计算公式**

| 指标类型 | 指标名称 | 指标解释及其计算公式 |
|---|---|---|
| 产业规模 | 产量 | 产量表示考察期内按照公认计量单位统计的由国内进口竞争产业生产的产品数量 |
| | 产能利用率 | 产能利用率是指考察期内进口竞争产业生产过程中实际利用的生产能力占总生产能力的比率<br>产能利用率 = 产量/产能 ×100% |
| | 劳动生产率 | 劳动生产率表示员工生产效率<br>劳动生产率 = 产量/员工总人数 ×100% |
| 市场销售 | 销售量 | 销量指国内进口竞争产业销售全部同类产品的数量，应包括进口国国内销售量和出口量两部分 |
| | 销售价格 | 销售价格为考察期内涉案产品平均销售价格 |

续表

| 指标类型 | 指标名称 | 指标解释及其计算公式 |
| --- | --- | --- |
| 市场销售 | 销售收入 | 销售收入是指销售涉案产品的销售收入和提供劳务等业务取得的业务收入总额<br>销售收入＝销售量×销售价格 |
| | 平均库存 | 库存用于衡量是否出现产品积压或库存减少的现象，一般用期末库存数据表示 |
| | 市场份额 | 市场份额为国内进口竞争产业销售涉案产品数量占国内涉案产品市场上总销售量的份额<br>市场份额＝国内产业涉案产品销售量/国内涉案产品市场总销售量×100% |
| 经济利润 | 税前利润 | 税前利润是指进口竞争企业销售产品等经营业务收入扣除其成本、费用后的利润<br>税前利润＝销售收入－销售成本－销售税金及附加－期间费用 |
| 就业福利 | 人均工资 | 人均工资＝工资总额/就业人数，其中工资总额是指与就业总人数相对应的工资总额 |
| | 就业人数 | 就业人数指除离、退休人员以外的全部在册与生产同类产品相关的就业总人数，包括同类产品生产厂（或车间）人员及相关辅助人员和管理人员 |

## 4.3　反倾销政策效果评估方法的设计原则

政策效果评估是来回答“政策的实施产生了什么样的影响?”的问题。反倾销政策效果评估就是寻求“反倾销政策对其所作用的企业和产业产生了什么样的影响?”这一问题的答案。“评估”一词与“评价”“估计”等词是同义的，都是使用某种价值观念依据事实来分析政策运行效果。某项政策确实有价值，是因为它对既定目标或目的的实现起了作用。那么，采用何种方法和手段对政策效果进行评估呢？

根据现有的关于政策效果评估方法的研究文献，一般政策效果评估方法主要包括比较分析法、成本效益或效率分析法、统计抽样分析法等[141]。其中，比较分析法是通过对政策实施前后对象状况的差异分析来评估政策效果的方法，主要用于评价政策实施效果，检查政策的实施是否实现了预期目的；成本效益或效率分析法主要关注政策的经济性，以成本为依据，比较政策运行成本与政策实施效益或结果，从而检查政策的效益或效率；统计抽样分析法是根据统计学原理，利用抽样调查的资料进行统计推断的一种政策效果评估方法，主要适用于涉及面较广的大型政策效果评价。不同的方法具有不同的适用范围和特点，因此，应根据政策效果评估关注的重点来设计评估方法，另外，政策效果评估一般是多种评估方法综合使用的过程。



反倾销政策本质上是一种产业政策工具，应具备公共政策的一般性特征，其效果评估也应遵循公共政策效果评估的一般性规律。反倾销政策效果评估主要关注反倾销措施是否对涉案企业和产业进行了适度保护，是否提升了进口竞争企业的效率，是否弥补了产业所遭受的损害，是否提升了进口竞争产业的国际竞争力。也就是说，通过效果评估判断反倾销措施是否实现了预期目的。因此，政策的目的性检验是反倾销政策效果评估方法实现的主要任务。从这个角度来看，评估反倾销政策实施效果选取的较恰当方法是对比分析法。所以，反倾销政策效果评估方法应在遵循一般政策效果评估的对比分析法原理基础上，结合反倾销政策的特点进行设计。

# 反倾销政策效果评估的 ECM 方法及实证研究：企业层面

越来越多的学者正逐步就反倾销政策实质上是一种产业政策工具达成共识。反倾销政策实施的真正目的并不是抑制“不公平贸易”，更多的是用来维护国内进口竞争生产企业的利益（Leipziger and Shin，1991）[142]。然而，国内外却鲜见关于反倾销政策对国内涉案产品生产企业影响效果评估的实证研究文献。那么，反倾销政策究竟是使得受保护生产企业产生依赖性，其生产效率更加低下，还是使得受保护企业尽快调整战略行为，重新优化配置资源，促进技术革新，提高自身核心竞争力呢？关于这些问题的回答能够有助于提高涉案企业和相关行业协会进行反倾销申诉的积极性，为他们做出正确的反倾销申诉决策提供依据，更好地维护企业的正当权益。然而国内外关于这些问题的研究均较少，其原因之一可能是企业微观层面相关数据获取较难。Jozef Konings，Hylke Vandenbussche (2007)[143]利用欧盟企业1993—2003年的数据通过双重差分法对全要素生产率（TFP）指标进行了实证研究，结果表明在相同时间段内，获得反倾销保护的企业TFP的增长要高于没有受到保护的企业，并且，受保护企业的全要素生产率（TFP）短期内的增长幅度为2%，长期增长幅度为5%—13%。但是国内关于企业层面反倾销政策效果评估的实证研究相对比较缺乏。

本章将依据反倾销政策效果评估方法设计原则，基于一般政策效果评估的比较分析法，结合反倾销政策自身特点，设计反倾销政策企业层面效果评估方法，并通过企业层面微观数据对评估方法进行实证检验，从而评估反倾销政策对国内进口竞争企业产生的影响效果。

## 5.1 ECM评估方法概述



### 5.1.1 ECM评估方法的基本原理

由自然科学实验原理可知，一个实验通常分为实验组和对照组。接受实验变量处理的对象组是实验组，依据实验假设不接受实验变量处理的对象组为对照组，也称控制组。至于哪些作为实验组，哪些作为对照组，一般是随机决定的。这样，从理论上说，影响实验组与对照组的无关变量是相等的，其影响效果也就被平衡了，所以接受实验变量处理后，实验组与对照组两者之间的差异，即可认定为是来自实验变量的效果，这样的实验结果也比较可信。

一项公共政策的实施可能会使社会中的部分群体受到了某种

影响，而另外一部分群体则可能没有受到任何影响，或者受到的影响程度较小，因此，可以把公共政策的执行类比于自然科学实验中对试验对象施加的某种“处理”（treatment）。使得社会中个人、企业、城市等的环境发生改变的外生事件称为“准自然实验”（quasi - natural experiment）。受政策影响的对象组视为政策实验组，将设定对象范围内的未受政策影响的对象组视为对照组，将政策实施后两者的处理结果进行对比分析即可对政策的实施效果进行评估。该方法最简单的情况是实验组和控制组在政策执行前后的处理结果都能观测到，直接简单的比较观测结果的差异即可获知政策的效果。

反倾销政策的实施使得国内进口竞争企业的环境发生了改变，是一种外生事件，具备准自然实验的特征。因此，依据公共政策效果评估的原理和反倾销政策的特点设计反倾销政策企业层面效果评估的实验对比法（Experiment Comparative Method，简称 ECM）模型。受反倾销政策影响的进口竞争企业被视为“实验组或处理组（treatment group）”，其他具有相同背景的未受反倾销政策影响的进口竞争企业视为“对照组或控制组（control group）”。同一进口竞争企业在反倾销政策实施前后具有不同的反映，受反倾销政策影响的和不受反倾销政策影响的进口竞争企业也存在差异。基于这双重差异形成的政策效果评估能够有效控制其他共时性政策的影响以及受政策影响的和不受政策影响的进口竞争企业的事前差异，从而识别出政策实施所带来的因果效应。ECM 法的基本原理如图 5.1 所示。反倾销政策执行前，实验组和对照组状态为 A1 和 B1 点，反倾销政策执行后，实验组接受反倾销政策作用后状态变为 A2 点，对照组由于没有受到反倾销政策的作用，其状态为 B2 点，则简单的可以将（A2 - A1）—（B2 - B1）认定为反倾销政策的作用效果，如图 5.1 所示。

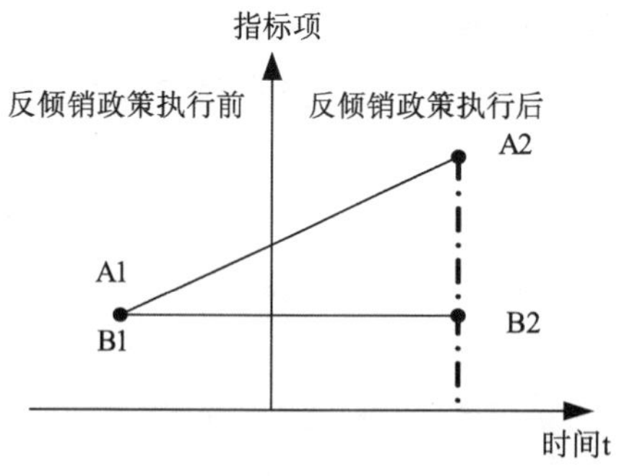


图 5.1　反倾销政策效果评估的 ECM 方法基本原理图

### 5.1.2　ECM 评估方法的关键点

据 ECM 方法的原理，使用 ECM 方法评估反倾销政策效果具有以下三个关键点：

第一，反倾销政策企业层面效果评估中实验组和对照组的合理确定，即如何确定 A 和 B。

根据 WTO 反倾销协议、我国反倾销条例以及反倾销实践可知，尽管针对进口涉案产品征收反倾销税，但实际影响的行为主体是国内生产该涉案产品的所有制造业企业，并且，虽然在倾销判定中是以产业为单位确定倾销损害，但是我们由本书第一章相关概念的界定部分知道，产业是一个无行为主体的集合概念，反倾销政策的实施效果是通过企业的行为反应加以体现的。因此，反倾销政策影响的行为对象是国内生产涉案产品的制造业企业。由此可知，实验组和对照组的选取范围是国内的制造业企业。那么，如何选取才能保证反倾销政策效果评估的科学性和合理性呢？关于这个问题，在本章的第二部分将进行深入探讨。

第二，反倾销政策企业层面效果评估指标的合理选取及其确定方法，也就是说，纵轴的指标项指的是什么，如何计算该指标。

企业是反倾销政策影响的直接行为主体，其影响效果的评估不同于产业。倾销对企业的生存环境产生了较大的冲击，因而，反倾销政策的实施首先需要为受损害企业创造公平的生存竞争环境。然而，反倾销政策在对企业产生一定保护作用的同时，是否改善了经营业绩，是否促进了企业的技术改进，是否实施了管理创新，是否提高了核心竞争力，也就是说，反倾销政策是否使得企业的效率得以改善，这才是反倾销政策实施的根本目的所在。评估反倾销政策企业层面的实施效果，选取的指标是反映企业发展的指标，而企业发展是一个综合概念，因此，一般选取综合性的指标。

第三，反倾销政策企业层面效果评估计量模型的构建及分析，也就是说，如何计算政策效果，即如何计算（A2 - A1）—（B2 - B1）。

政策效果评估计量模型的构建与分析是重点也难点。关于如何构建计量模型确定实验组和对照组在政策实施前后的政策效果差异，如何消除政策效果评估结果的偏差，以保证政策效果评估的科学性问题，在本章的后续部分进行深入研究。

针对该方法应用中的关键点，本书将给出 ECM 方法的计算过程，最后利用企业数据对 ECM 方法进行实证研究，从而对反倾销政策的实施效果作出评估。

## 5.2　ECM 评估方法的计算过程分析

ECM 方法的计算过程可以细分为实验组和对照组的确定、评估指标的合理选取及其估算、政策效果的计算三步，每一步都需要运用一些相关方法，可见，ECM 模型是一个多种方法综合运用的过程。下面将对每一步的处理过程作出详细分析。

### 5.2.1 确定反倾销政策企业层面效果评估的实验组和对照组

实验研究方法在自然科学领域应用非常广泛，尤其在生命科学领域，研究某一治疗方案或措施是否有效时，要通过大量实验来完成，其中，影响实验效果评定的首要关键环节之一是确定实验组和控制组。根据实践经验以及相关的理论研究，确定实验组和控制组的合理方法是随机方法。而在政策实施领域，存在与自然科学实验的不同之处，实验组非常容易确定，即为受政策影响的对象，而对照组的选取相对复杂，为了保证政策实施效果评估的科学性，需要降低对照组选取中的人为主观因素影响，因此需要根据随机化的原则选取对照组。

(1) 自然科学实验中实验组和对照组的确定方法：随机方法

自然科学实验中的黄金标准是随机原则，也就是说，实验组和对照组需要按照随机原则进行确定。进行实验时，统计学要求实验组和对照组间除实验处理因素外，其他条件都完全相同，但实验实际过程中不可能完全做到，就是对同一批实验对象而言，即使所处的条件以及特征完全一致，而对实验因素的反应仍不可能完全一致，差异是绝对的，一致是相对的。减少差异的办法除对实验条件的精选以外，就是采用严格的随机原则进行安排，使对实验结果具有正性和负性影响的因素随机地分配到各组，实现组间平衡，而不受任何主观愿望的影响。实验组和对照组的随机选取运用的方法主要有随机数字表以及 Excel、Spss 等计算机软件。

在随机分组过程中应在绝对避免人为因素的基础上对所有实

验对象进行编号，通常应用随机数字表或 Excel、Spss 等计算机软件进行完全随机化的分组。从随机数字表任意点开始选取连续的数字，原则自定，可横读、竖读以及按斜角线等方式读取。将实验对象编号后进行随机分组要根据组数来进行，具体操作比较复杂，如果样本量较大，实际操作中分组的工作量将非常繁重。随着计算机的普及，当样本量较大时可以采用 Excel、Spss 等计算机软件进行随机分组，与随机数字表分组相比，具有操作方便简单的特点，但需要具备一定的计算机编程知识。随机分组的方法主要包括配对比较法随机分组、随机区组法随机分组、完全随机分组三种方法。配对比较法随机分组主要适用于将实验对象分成两组的情况，随机区组法随机分组是配对比较法随机分组的扩展，主要是用于将实验对象分成三组以上的情况。这两种方法的基本原理是将基本特征非常相似的实验对象首先组成两个或以上的小组，然后再将它们其中的一个随机分配到实验组和对照组中，并对其中一组进行实验因素处理，其他组就可以作为对照组。这样，尽可能地避免人为主观因素和实验对象自身差异的影响，提高实验结果的合理性与科学性。完全随机分组方法，不同于上述两种方法，而是直接针对每个实验对象，利用随机数字表或 Excel、Spss 等计算机软件按照随机原则直接将实验对象分配到实验组和对照组，是随机分组法的基本方法，配对比较法随机分组和随机区组法随机分组是以完全随机法为基础的。

对于利用随机数字表进行完全随机分组法的具体操作，举例如下：实验对象共有 6 个，分别给予编号为 1、2、3、4、5、6，分成实验组 A 和控制组 B 两组，每组 6 个。从随机数字表中随机选取 6 个数字，26、30、11、35、67、89，分别以 6、5、4、3、2、1 除之，除得尽的写下除数，除不尽的写下余数，令余数为奇数归入 A 组，余数为偶数的归入 B 组。如表 5.1 所示。

表 5.1　　　　完全随机法随机分组列表

| 实验对象编号 | 1 | 2 | 3 | 4 | 5 | 6 |
|---|---|---|---|---|---|---|
| 随机数字 | 26 | 30 | 11 | 35 | 67 | 89 |
| 除后余数 | 2 | 5 | 3 | 2 | 1 | 1 |
| 归组 | B | A | A | B | A | A |

由表 5.1 知，归入 A 组的实验对象多一个，为了两组实验对象数目相等，需要将 A 组中的一个归到 B 组中。这样，需要在第 6 个随机数字后再随机选取一个数字，如 5，将该随机数字用 4 除之（由于 A 组中 4 个实验对象，因而用 4 除之），其余数为 1，这样将归入 A 组的第一个即编号为 2 的调入 B 组中。最后，A 组由编号为 3、5、6 的实验对象组成，B 组由编号为 1、2、4 的实验对象组成。

（2）政策准自然实验中对照组确定的准随机化方法：倾向得分法

理想状态下，公共政策的随机化实验是评估政策实施效果的最有效方式。随机化的目标是要保证政策实施与政策影响对象可观察（不可观察）的属性相互间是独立的，实验组和对照组具有相同的属性分布。因此，可以认为实验组的政策影响效果与对照组接受政策影响时的效果一致，也就是相当于政策实施的总体平均效果，两组对象的政策影响差异即可直接被认为是政策实施效果。尽管随机实验是评估政策实施效果的最优方法，但是出于道德、成本、时效性、政治敏感性等方面的考虑，随机政策实施实验在很多情况下是无法进行的。因此，绝大多数情况下，政策实施效果只能通过一定方法利用天然实验的可观测性数据库来进行估计。

公共政策属于某运行系统的外生干预变量，其实施类似于自然实验，实验组很容易确定，即为参与政策实施过程的个体。而对照组的选择相对比较复杂。为了保证政策效果评估的科学性和合理性，需要使用准随机化方法尽可能地保证对照组和实验组具有相同属性分布。在生命科学研究领域应用广泛的倾向得分匹配法（Propensity Score Matching，简称 PSM）就是保证政策实验过程准随机化的一种主要方法，它适用于分析非随机数据资料，通过倾向得分为实验组个体在非实验组中寻找合适的可比对象进行配对分析，从而去除选择性偏倚和混杂偏倚（Fu AZ，DowWH，LiuGG，2007）。

倾向得分法是在 1983 年 Rosenbaum 和 Rubin 合作的一篇论文中首次提出的[144]，其主要目的是使实验组和对照组间的各特征变量具有相似的属性分布，以消除混杂因素引致的偏差。实验组和对照组中的观察对象具有相同或相近的倾向得分，说明它们进入实验组和对照组的可能性相同，这样可以近似的认为它们是被随机分配的。并且，该方法属于非参或至少是半参数的方法，几乎不需要在分析估计阶段加入附加的假设。

倾向得分实质上是研究对象 i（i = 1，2，…，N）根据给定的一组特征变量（$x_i$）划分到实验组（$Z_i = 1$）或对照组（$Z_i = 0$）的条件概率，可以表示如下：

$$e(x_i) = P(Z_i = 1 \mid X_i = x_i) \tag{5.1}$$

假设分组变量 $Z_i$ 和特征变量 $x_i$ 相互独立，则有：

$$P(Z_1 = z_1, \cdots, Z_N = z_N \mid X_1 = x_1, \cdots, X_N = x_N) = \prod_{i=1}^{N} e(x_i)^{Z_i} [1 - e(x_i)]^{1-Z_i} \tag{5.2}$$

其中，计算得出的 $P$ 即为倾向得分。

如果从实验组中选出研究对象 $i$，则其倾向得分为 $P_i(Z_i = 1 \mid X_i = x_i)$，再从对照组选出研究对象 $j$，其倾向得分为 $P_j(Z_j =$

$0 \mid X_j = x_j)$；假设 $P_i = P_j$，则必然会有 $x_i = x_j$，如果我们尽量使 $P_i \approx P_j$，那么 $x_i$ 和 $x_j$ 两者必然非常相似。因此，倾向得分 $P_i$ 最大限度地概括了特征变量 $x_i$ 的作用，因而可以有效地保持处理组和对照组间特征变量 $x_i$ 的均衡性，使各个特征变量在两组间的分布均衡一致。多数情况下 $Z_i$ 均为二分类变量，在实际应用中，倾向得分是未知的，一般需要用 Logistic 模型或者 Probit 模型来估计倾向得分。

就目前关于倾向得分法的研究文献进行总结可知，采用倾向得分进行分组的方法主要有三种[145]：变量调整法、分层法和匹配法。这三种方法中，第一和第二种方法对实验组和对照组的分组过程处理得比较简单，而匹配法详细地说明了对照组的选取过程。因此，在政策效果评估中，由于实验组较容易确定，多采用倾向得分匹配法来选取相应的对照组，对照组的选取是政策效果评估的关键之一。如果选取的对照组不合理，则会直接影响到政策效果评估结果的合理性和可靠性。

(3) 反倾销政策企业层面效果评估的实验组和对照组的确定



运用 ECM 方法进行反倾销政策企业层面效果的评估，首先需要确定相应的实验组和对照组样本。由反倾销政策的特点可知，反倾销政策一般是指对进口倾销产品征收反倾销税，但产品是一个无行为主体概念。就国内市场而言，反倾销政策实质上直接影响的行为主体为国内进口竞争企业。我们通过对实验组中受反倾销政策保护的进口竞争企业经营状况与对照组中未受反倾销政策保护的进口竞争企业经营状况进行比较，来完成对反倾销政策企业层面实施效果的评估。实验组由向反倾销调查机关提出申诉并获得反倾销政策保护的涉案产品生产企业组成，由反倾销案例公告可知，实验组中每一生产企业均具有具体的政策实施日期和对进口涉案产品所征收的反倾销税率。

反倾销政策企业层面效果评估的实验组比较易于选取，而对照组的确定相对比较复杂。为了选取合适的对照组，需要控制选取过程中的两种潜在选择偏差。

其一是自选择偏差，如果申请反倾销保护的涉案产品生产企业特征不同于没有申请保护的生产企业，实验组与对照组间的特征变量分布不均衡，就会产生样本选择的自选择偏差问题。也就是说，反倾销政策的实施可能是生产企业自身决策选择的结果，反倾销政策不仅仅是纯粹的外生干预事件，也存在内生性问题。例如，某企业生产的产品面临激烈的进口竞争，于是该企业认为未来将会受到进口产品的损害或损害威胁，于是作出决策，联合相关企业向反倾销调查机关提起反倾销申诉。另外，反倾销申诉企业主要集中于一些特殊行业，尤其是生产钢铁、化工产品的企业，它们的独特性也容易产生对照组选取的自选择偏差问题。

其二是“政府选择偏差”。由第 3 章中反倾销调查程序可知，反倾销调查机关收到企业的反倾销申诉之后，审查申诉企业的资格，决定是否进行立案调查，确定立案后即发布立案公告，然后调查机关根据 WTO《反倾销协议》和我国的《反倾销条例》规定对倾销、产业损害以及两者之间的因果关系展开调查。由反倾销案件调查的公告可知，调查机关调查的主要经济指标有表观消费量、产能、产量、开工率、销量、市场份额、销售价格、销售收入、税前利润、投资收益率、就业人数、劳动生产率、人均工资等，这些指标多数集中于反映申诉企业生产率及经营业绩的特征变量。调查机关根据这些指标的调查结果以及其他方面相关的影响因素，作出是否采取反倾销措施的终裁。这样，由于调查机关选取的指标具有不均衡性，从而在对照组的选取中产生“政府选择偏差”问题。

选取对照组时需要对潜在的自选择偏差和政府选择偏差进行控制，其控制过程分两步进行。第一步，为了控制自选择偏差，其首选对象为提出反倾销申诉但最终被拒绝的生产企业。这些企业提出反倾销申诉，调查机关通过调查后最终获得否定性裁决从而终止调查。它们与获得反倾销保护的企业在作出反倾销申诉决策选择方面具有相似之处，也面临进口竞争，认为会遭受损害或损害威胁，并且能够联合相关企业提出反倾销申诉。我国自1997年发起第一例反倾销调查以来，截至2008年年底，提起申诉但最终做出终止调查的案件共有9起，每起案件的详细资料见表5.2。

**表5.2　1997—2008年我国发起的结果为终止调查的反倾销案件**

| 立案时间（年） | 涉案产品 | 海关编码 | 终裁结果 | 终裁时间（年） | 被诉国（地区） |
|---|---|---|---|---|---|
| 2001 | 聚苯乙烯 | 3903、1900等 | 终止调查 | 2001 | 韩、日、泰 |
| 2001 | 饲料级L-赖氨酸盐酸盐 | 2922—4110，4190 | 终止调查 | 2002 | 美、韩、印尼 |
| 2002 | MDI | 29291030，38249090 | 终止调查 | 2003 | 日、韩 |
| 2003 | 锦纶6、66长丝产品 | 5402—3111，3112，4110，4120 | 终止调查 | 2005 | 台湾地区 |
| 2004 | 双酚A | 29072300 | 终止调查 | 2005 | 日、俄、新加坡、韩和台湾地区 |
| 2004 | 三元乙丙橡胶 | 4002—7010，7090 | 终止调查 | 2006 | 美、韩、荷兰 |
| 2005 | 辛醇 | 29051600 | 终止调查 | 2007 | 韩、沙特阿拉伯、日、欧盟、印尼 |

续表

| 立案时间（年） | 涉案产品 | 海关编码 | 终裁结果 | 终裁时间（年） | 被诉国（地区） |
|---|---|---|---|---|---|
| 2005 | 丁醇 | 2905—1300，1400 | 终止调查 | 2007 | 俄罗斯、美国、南非、马来西亚、欧盟、日本 |
| 2008 | 气象色谱－质谱联用仪 | 9027—2011，5000，8019，8099 | 终止调查 | 2009 | 日本 |

数据来源：根据中国贸易救济网各产品的终裁公告整理，网址：http：//www.cacs.gov.cn/。

第二步，对终止调查组涉案产品生产企业利用倾向得分匹配法控制政府选择偏差。当调查机关根据对相关变量的调查分析决定是否实施反倾销政策时，如果实验组和对照组生产企业在调查机关所调查的相关变量方面存在差异，就会产生对照组选取的政府选择偏差问题。为了更好地均衡各相关调查变量在实验组和对照组间的分布，本章采用倾向得分匹配法，利用非实验数据通过匹配找出类似于“社会实验”的对照组，通过构建虚拟二值变量的Logistic回归模型估计各生产企业受反倾销保护的倾向得分。PSM模型的倾向得分就是个体在其自身特定属性下接受某种干预的可能性，就反倾销政策而言，倾向得分即为对照组中生产企业受反倾销政策保护的概率。这样，将倾向得分作为降低匹配维度的方法，从而判断出哪些终止调查生产企业与受反倾销政策影响的实验组生产企业最“相似”。

将通过模型估计得出的倾向得分进行排序，进而确定出与实验组生产企业最“相似”的生产企业，这样选取的对照组企业和实验组企业受反倾销政策保护的可能性极为接近，从而能够较好地评估反倾销政策的实施效果。

为了能够确定终止调查的涉案产品生产企业中哪些企业与实

验组企业最为“相似”，本章根据调查机关的调查指标以及影响反倾销保护的因素构建了用于估计生产企业得到反倾销保护的可能性的 Logistic 回归模型。其表达式如 5.3 式所示：

$$Pr(Treatment_{it}=1)=\varphi(\beta_1 IP_{it-1}+\beta_2 TE_{it-1}+\beta_3 GDP_t+\beta_4 P_{it}+\beta_5 LP_{it}) \quad (5.3)$$

具体表示为：

$$Pr(Treatment_{it}=1)=\frac{e^{\beta_0+\beta_1 IP_{it-1}+\beta_2 TE_{it-1}+\beta_3 GDP_t+\beta_4 P_{it}+\beta_5 LP_{it}}}{1+e^{\beta_0+\beta_1 IP_{it-1}+\beta_2 TE_{it-1}+\beta_3 GDP_t+\beta_4 P_{it}+\beta_5 LP_{it}}} \quad (5.4)$$

其中，$Treatment_{it}$为虚拟变量，当涉案产品所在产业 $i$ 受到反倾销政策保护时，取值为 1，否则，取值为 0。$IP_{it-1}$是滞后一期的产品进口渗透率，它指的是某一时期内一国某一产品的国内消费量中该产品进口量所占的比重。$TE_{it-1}$是滞后一期的某产品生产企业就业数的对数。$GDP_t$ 指的是第 t 期相对于第 t-1 期的 $GDP$ 的增长率。$P_{it}$指的是从 t-1 期到 t 期的涉案产品价格 $i$ 的增长率。$LP_{it}$是劳动生产率的对数。根据各自变量的合理取值对终止调查组中涉案企业受反倾销政策保护的可能性进行预测估计。



在 Logistic 回归模型预测中，估计概率一般以 0.5 为限，因此，将受反倾销政策保护概率大于 0.5 的企业作为对照组构成企业。

通过以上两步，较好地消除了对照组选取中的自选择偏差和“政府选择偏差”，使得选取的对照组具有与实验组高度相似的特征分布。

另外，根据我国国家统计局颁布的《国民经济行业分类（GB/T4754—2002）》统计分类标准，首先将国民经济划分为第一、二、三大产业，然后再在各产业内部依次将经济活动划分为门类、大类、中类和小类四级。一共有 20 个门类，顺次以大写英文字母 A、B、C、D……T 表示，第一产业只有 A 一个门类，第三产业的门类最多，反倾销政策影响的对象属于第二产业的 C 门类即制造业。大、中、小类则依据等级制和完全十进制，用三层四位阿拉伯数字表示。一共有代码为 01 到 98 的 98 个大类，大类再按三位阿拉伯数字代码进行细分，在此基础上，再按四位阿拉伯数字代码细分。四位阿拉伯数字代码的分类号是我国分类的最细标准。其分类标准如图 5.2 所示。因此，在确定实验组和对照组时，使得反倾销政策企业层面效果评估更具可靠性，降低它们之间的异质性程度，应根据四位数字代码分类的涉案企业进行选取。

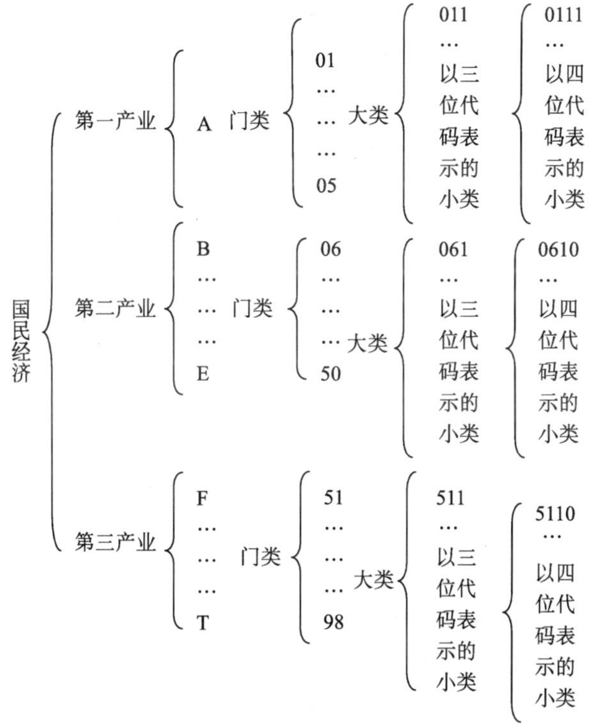

国民经济
第一产业　A　门类　01 … … … 05　大类　011 … 以三位代码表示的小类　0111 … 以四位代码表示的小类
第二产业　B … … … E　门类　06 … … … 50　大类　061 … 以三位代码表示的小类　0610 … 以四位代码表示的小类
第三产业　F … … … T　门类　51 … … … 98　大类　511 … 以三位代码表示的小类　5110 … 以四位代码表示的小类

**图 5.2　我国国民经济行业分类图**

### 5.2.2 反倾销政策企业层面效果评估指标的合理选取及其测定方法

反倾销政策企业层面效果评估的目的是检验反倾销政策是否促进了进口竞争企业效率的提高，是否使得受保护企业的经营业绩获得了改善。这样，本章从生产率这个维度对反倾销政策企业层面的效果进行评估。反倾销政策保护与生产率之间的联系在于反倾销政策能激励被保护企业进行管理创新，加大 R&D 投资，提高技术创新水平。全要素生产率用于衡量企业因非生产投入要素引起的企业效率的改善情况。因此，选取的评估指标为全要素生产率，其选取的原因在第 4 章中已经做出了说明，这里不再赘述。下面分别给出全要素生产率的测定方法。

从效率角度考察，生产率反映的是一个生产单位企业、行业、国家或地区在一定时期内国民经济中总产出与各种资源要素总投入的比值。它可以对单一生产投入要素如劳动或资本的生产率进行衡量，也可以衡量所有生产投入要素的生产率，即全要素生产率（Total Factor Productivity，缩写为 TFP）。



全要素生产率最早是由 R. M. Solow 于 1957 年在《技术变化和总量生产函数》一文中提出的，该文对生产的经济理论以及拟合生产函数的计量经济方法进行了统一，把总产出看作是资本、劳动两个生产投入要素的函数，从总产出增长中扣除资本和劳动带来的产出增长，剩余的未被解释部分作为技术进步对产出的贡献。此未被解释的部分即被后人称之为索洛余值（Solow Residual），也就是全要素生产率。由于全要素生产率反映的是扣除要素贡献后的“剩余”生产率水平，通常可被理解为技术进步或制度变化、管理策略等非生产性投入要素对生产率的贡献。因此，本章依据反倾销政策对企业影响的特点，选取全要素生产率指标对反倾销政策企业层面影响效果进行评估。

大多数文献是通过生产函数估计来测定全要素生产率。索洛余值法为最早的估计方法之一，它就是通过生产函数扣除投入生产要素对生产率的贡献从而对全要素生产率进行测定的。利用生产函数测定全要素生产率具有在要素价格被扭曲，要素份额偏离要素产出弹性情形下更为稳健的估计特征。因此，本章通过生产函数法估计全要素生产率。选取的生产函数模型不同，测算全要素生产率的计算公式也就不同，得出的结果同样也会存在差异。

根据多数文献的研究如李玉红等（2007）、淡远鹏（2006）[146]，Cobb－Douglas 生产函数从统计拟合、估计方法和广泛的适用性等多个方面考虑具有一定的优势，因此，本章选取两要素 C－D 生产函数对实验组和对照组企业的全要素生产率进行估计。产出为 Y（企业的工业产出增加值），资本为 K（企业固定资产），劳动力（企业员工数）为 L。假设生产函数为规模报酬不变，即其中，K 与 L 的产出弹性之和为 1，则 C－D 生产函数的形式为：

$$Y_{it} = A_{it} {K_{it}}^{\alpha} {L_{it}}^{\beta} \tag{5.5}$$

两边取对数，可得：

$$\ln Y_{it} = \ln A_{it} + \alpha \ln K_{it} + \beta \ln L_{it} \tag{5.6}$$

对上式进行回归计算，可得资本和劳动的弹性系数 $\alpha$ 和 $\beta$ 的值。然后，利用（5.6）式，可计算得出实验组或对照组中各企业的全要素生产率：

$$\ln TFP_{it} = \ln A_{it} = \ln Y_{it} - \alpha \ln K_{it} - \beta \ln L_{it} \tag{5.7}$$

$$TFP_{it} = \frac{Y_{it}}{{K_{it}}^{\alpha} {L_{it}}^{\beta}} \tag{5.8}$$

其具体估算过程在本章的第三部分进行分析，包括数据的选取及其处理。

综上所述，评估反倾销政策对企业的影响效果所选定的指标为衡量因非生产投入要素引起的企业效率改善程度的全要素生产率（TFP），并根据相应的特点设定了其计算模型，利用回归方法进行估计。

### 5.2.3　反倾销政策企业层面效果评估计量模型的构建及其分析

反倾销政策企业层面效果评估计量模型构建是评估的关键。根据黄新建、张宗益（2006）[147]的研究，我国的进口竞争企业在反倾销调查期间以及反倾销立案前，不存在上调盈余影响商务部调查机关对反倾销裁决的动机。因此，反倾销政策对于进口竞争企业来说属于外生事件，这样，反倾销政策的实施具有准自然实验的特征。因此，根据计量经济学政策综合分析的差分原理，构建反倾销政策企业层面效果评估的双重差分模型。

（1）反倾销政策企业层面效果评估的差分原理

政策的实施或改变具有自然实验或准实验的特征，自然实验总有一个不受政策变化影响的对照组和一个被人为受政策变化影响的实验组，它不同于真实实验。真实实验中的实验组和对照组是按照随机原则明确抽取的；而在准自然实验中，实验组和对照组均来自于某项具体政策的变化。为了控制好对照组和实验组之间的系统差异，进行政策实施效果评估时需要两个时间段的数据，一个在政策实施之前，另一个在政策实施之后。因此，可以将样本数据根据政策效果评估目的划分为四组：政策实施前的对照组、政策实施后的对照组、政策实施前的实验组和政策实施后的实验组。

用 A 表示实验组，B 表示对照组，观测个体用 $i$ 表示，$d_A$ 为虚拟变量，当观测个体属于 A，则等于 1，否则等于 0。$t$ 表示政策实施时期，政策实施前 $t=1$，政策实施后 $t=2$，再令 $d_2$ 为政策实施后的虚拟变量。根据计量经济学中政策效果综合评价差分模型的构建原理，可以将结果变量模型描述如下：

$$y_{it}=\beta_0+\delta_0 d_2+\beta_1 d_A+\delta_1 d_2\cdot d_A+\varepsilon_{it} \tag{5.9}$$

其中，$y_{it}$代表实验组或对照组的观测结果，$\varepsilon_{it}$代表其他影响观测结果的因素。则 $\delta_1$ 度量政策的实施效果。如果回归方程中没有其他影响因素，那么，政策效果即为 $\delta_1$ 的一致无偏估计量 $\hat{\delta}_1$。表达式为：

$$\hat{\delta}_1=(\bar{y}_{2,A}-\bar{y}_{2,B})-(\bar{y}_{1,A}-\bar{y}_{1,B}) \tag{5.10}$$

其中，$\bar{y}$ 为观测结果的平均值。5.10 式表达了政策综合分析双重差分模型的基本原理。当 5.9 式中增加其他变量时，5.10 式的表达形式会发生变化，但它遵从 5.10 式所表达的双重差分原理。

（2）反倾销政策企业层面效果评估的双重差分模型

反倾销政策企业层面效果评估中重点关注的变量为全要素生产率（TFP）。根据计量经济学中政策效果分析的差分原理构建 TFP 估算的双重差分模型，表达式如下：

$$TFP_{ijt}=\alpha_0+\alpha_1 AD+\alpha_2 Ever-\mathrm{Protection}_j+\alpha_3 Year+\alpha_4 \mathrm{Province}+\alpha_5 Year\times \mathrm{Province} \tag{5.11}$$

其中：

$Ever-\mathrm{Protection}_j$ 是二值虚拟变量，如果进口竞争企业在分析期属于曾经受保护的行业 j，则在整个期间内，不论是政策实施前还是政策实施后，取值为 1；该变量主要用于解释实验组和对照组受保护企业和未受保护企业之间的时间不变性差异，并对受保护企业未观测到的具体特征加以控制。

*Year* 是用于控制对实验组和对照组各企业以及对其他任何企

业的 TFP 都产生影响的时间效应，如商业周期效应、需求冲击或其他宏观因素冲击等；由于反倾销政策的保护期一般为 5 年，因此，第一年取值为 1，非第一年取值为 0；第二年取值为 1，非第二年取值为 0；第三年取值为 1，非第三年取值为 0；第四年取值为 1，非第四年取值为 0；第五年取值为 1，非第五年取值为 0。

*Province* 用于控制实验组和对照组各企业所处省份的变量，也就是控制各企业的位置效应，省份不同，市场环境以及其他经济政策具有差异之处，同时会影响企业的 TFP。

另外，时间效应和位置效应之间还会产生相互影响，因此，在表达式中列入了 $Year \times Province$。

虚拟变量 *AD* 反映的是反倾销政策对实验组企业的影响效果，对于实验组企业，在反倾销政策实施期内，其值为 1，在反倾销政策实施之前，其值为 0；对于对照组所有企业不论是反倾销政策实施前还是实施后其值均为 0；由于其系数估计了反倾销政策在实验组和对照组企业之间的差异影响，因此该变量是双重差分模型的实质所在。



可见，反倾销政策企业层面效果评估的 ECM 方法计算过程是多种方法综合运用的过程。ECM 方法中对照组的确定需要运用倾向得分法（PSM）对申请反倾销调查而最终获得否定性裁决企业的受保护可能性进行估计，从而确定合适的对照组。根据反倾销政策企业层面效果的评估目的及其对企业的影响特点选取了全要素生产率（TFP）评估指标，利用生产函数法测定 TFP。然后，利用计量经济学中政策分析的差分原理构建了用于估计反倾销政策企业层面效果的 TFP 双重差分模型。最后，根据反倾销政策影响下全要素生产率的变化状况判断出反倾销政策的实施效果。

综上所述，ECM 方法的综合计算步骤如表 5.3 所示。

**表 5.3　　ECM 评估方法的综合步骤表**

| 计算步骤 | 所需参数 | 计算方法 | 计算结果 |
|---|---|---|---|
| 第一步 | 选取合理的指标 | | 全要素生产率（TFP） |
| 第二步 | 确定实验组和对照组 | PSM 方法和 Logistic 模型 | 选取合理的对照组，保证对照组选取的随机性，消除选取中的自选择偏差和政府选择偏差 |
| 第三步 | 全要素生产率的测定 | C－D 生产函数法 | 实验组和对照组各企业的全要素生产率 |
| 第四步 | 测算反倾销政策的实施效果 | 双重差分模型 | 反倾销政策影响下实验组企业全要素生产率的增长程度 |

## 5.3　ECM 评估方法的实证研究

### 5.3.1　样本数据的选取



根据 ECM 评估方法的原理及其计算过程，利用我国反倾销案件资料对反倾销政策企业层面效果进行评估。截至 2010 年年底，我国共发起 66 起，所涉及行业分类如图 5.3 所示，化工行业占近 70%。因此，本章选取化工行业的反倾销涉案企业作为样本对反倾销政策实施效果进行 ECM 评估方法的实证研究。

本研究选取的样本范围为 2001 年和 2002 年两年我国发起调查的涉案化工产品生产企业。数据来源于 1998—2007 年间的国家统计局对全部国有和规模以上（主营业务收入超过 500 万元）非国有企业的工业企业统计报表数据库。这些数据由中国国家统计局每年对制造企业调查所获数据构成。之所以选取 2001—

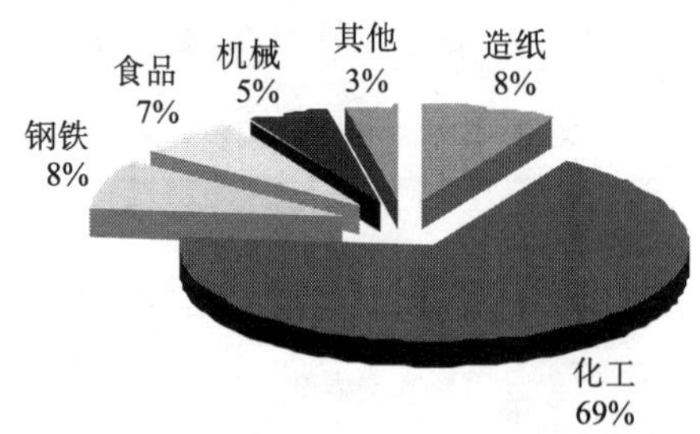


**图 5.3　1997—2009 年我国发起调查的反倾销案件行业分布图**

2002 年两年数据的原因在于：一是这两年发起调查的案件通过一年左右的损害调查期，其终裁时间一般为 2003 年，这样所收集的数据能够涵盖反倾销政策 5 年的实施期；二是这一时间段内我国发起调查的反倾销化工产品案件较多，因而样本量较多，这样实证结果会更加科学。2001—2002 年我国发起调查的反倾销化工产品案件如表 5.4 所示。

**表 5.4　　2001—2002 年我国发起调查的反倾销化工产品案件**

| 立案时间（年） | 涉案产品 | 海关编码 | 终裁结果 | 终裁时间（年） | 被诉国或地区 | 四位代码的行业分类号 |
|---|---|---|---|---|---|---|
| 2001 | 聚苯乙烯 | 3903、1900—其他 | 终止调查 | 2001 | 韩国、日本、泰国 | 2651 |
| | 涤纶短纤维 | 55032000，55062000 | 征反倾销税 | 2003 | 韩国 | |
| | 聚酯切片 | 3907—6011，6019 | 征反倾销税 | 2003 | 韩国 | 2653 |
| | 丙烯酸酯 | 29161200 | 征反倾销税 | 2003 | 韩国、马来西亚、新加坡、印尼 | 2614 |
| | 己内酰胺 | 29337100 | 征反倾销税 | 2003 | 日本、比利时、德国、荷兰、俄罗斯 | 2653 |

续表

| 立案时间（年） | 涉案产品 | 海关编码 | 终裁结果 | 终裁时间（年） | 被诉国或地区 | 四位代码的行业分类号 |
|---|---|---|---|---|---|---|
| 2002 | 邻苯二酚 | 29072910 | 征反倾销税 | 2003 | 欧盟 | 2614 |
| | 邻苯二甲酸酐 | 29173500 | 征反倾销税 | 2003 | 印度、日本、韩国 | |
| | 丁苯橡胶 | 40021911、40021912、40021919 | 征反倾销税 | 2003 | 日本、韩国、俄罗斯 | 2652 |
| | 聚氯乙烯 | 39041000 | 征反倾销税 | 2003 | 日本、韩国、俄罗斯、美国、台湾地区 | 2651 |
| | 甲苯二异氰酸酯 | 29291010 | 征反倾销税 | 2003 | 美国、日本、韩国 | 2614 |
| | 苯酚 | 29071110 | 征反倾销税 | 2004 | 日本、韩国、美国、台湾地区 | 2614 |
| | MDI | 29291030、38249090 | 终止调查 | 2003 | 日本、韩国 | |

数据来源：根据中国贸易救济信息网各产品的终裁公告整理，网址：http：//www. cacs. gov. cn/。

由于邻苯二甲酸酐和甲苯二异氰酸酯不属于终端产品，利用中国工业企业数据库无法收集到其相关数据，因此，在 ECM 方法的应用研究中未将这两种产品包括在内。ECM 方法应用中的实验组由生产涤纶短纤维、聚酯切片、丙烯酸酯、己内酰胺、邻苯二酚、丁苯橡胶、聚氯乙烯、苯酚这些产品的企业构成，而对照组则由生产聚苯乙烯和 MDI 产品的企业中受反倾销政策保护可能性超过 50% 的企业构成。

### 5.3.2 对照组的选取

本章采用 PSM 方法对终止调查组中的聚苯乙烯和 MDI 化工产品生产企业通过 Logistic 回归模型对其受反倾销政策保护的可能性进行预测。只要其受反倾销政策保护的可能性超过 50%，就可以认为其受反倾销政策保护的可能性较高，与实验组化工产品生产企业具有“相似”的特征，从而降低了自选择偏差和政府选择偏差的影响。这样，选取的生产企业作为对照组可以使反倾销政策效果评估更加科学与合理。

（1）数据来源及说明

根据上一节的分析，构建了 5.3 式的 Logistic 模型。

令 $\Pr(Treatment_{it}=1)=p_i$，表示各涉案产品生产企业受反倾销政策保护的可能性。对 5.4 式作 Logit 变换，表达式如下：

$$\ln\left(\frac{p_i}{1-p_i}\right)=\beta_0+\beta_1 IP_{it-1}+\beta_2 TE_{it-1}+\beta_3 GDP_t+\beta_4 P_{it}+\beta_5 LP_{it} \quad (5.12)$$

5.12 式模型中各自变量数据来源具体如下：



$IP_{it-1}$表示的是进口渗透率（Import Penetration Ratios）的滞后一期值，进口渗透率主要衡量一国第 $t$ 年产品 $i$ 国内消费量中进口数量所占比重。一般表示为：

$$IP_{it}=\frac{IM_{it}}{Q_{it}}$$

$IM_{it}$ 表示产品 $i$ 第 $t$ 年的进口数量，该数据来源于联合国统计部门公布的在线国际商品贸易统计数据库（International Merchandise Trade Statistics，简称 IMTS，其网址为 http://comtrade.un.org/db/），根据涉案产品聚苯乙烯、聚酯切片、涤纶短纤、丙烯酸酯、己内酰胺、邻苯二酚、丁苯橡胶、聚氯乙烯、苯酚、MDI、双酚 A、辛醇、丁醇的海关编码可以获得各产品 1999—2007 年各年的进口量。由于各涉案产品的国内消费量较难获取，因此，采用各涉案产品生产企业的销售量代替 $Q_{it}$，销售量原始数据来源于中国工业企业数据库。

$TE_{it-1}$表示的是各涉案产品 $i$ 生产企业第 $t$ 年的就业数对数的滞后一期值，各涉案产品生产企业第 $t$ 年的就业人数数据来源于中国工业企业数据库。$GDP_t$ 指的是第 $t$ 期相对于第 $t-1$ 期的 *GDP* 的增长率，*GDP* 原始数据来源于中国统计年鉴，各年的 *GDP* 数据需要采用各年的物价指数进行平减，以 1999 年为基期。$P_{it}$指的是从第 $t-1$ 期到第 $t$ 期的涉案产品 $i$ 的价格增长率，各涉案产品价格数据可以通过中国工业企业数据库中各产品生产企业的销售收入与销售产品数量数据计算获得。$LP_{it}$是劳动生产率的对数，各产品的劳动生产率数据可以通过中国工业企业数据库中各产品生产企业的工业生产总值与就业人数计算获得。

（2）Logistic 模型估计

本章利用 Spss16. 0 软件将各自变量数据代入 5. 12 式进行模型拟合。

当涉案产品 $i$ 所在产业受到反倾销政策保护时，因变量 $y$ 即 *Treatment* 的取值为 1，否则，取值为 0。其分布情况如表 5. 5 所示。受反倾销政策保护的样本观测量为 145，没有受反倾销政策保护的样本观测量为 74。



**表 5. 5　　　　预测分类表[a,b]**

| Observed | | | Predicted | | |
|---|---|---|---|---|---|
| | | | y | | Percentage Correct |
| | | | 0 | 1 | |
| Step 0 | y | 0 | 0 | 74 | . 0 |
| | | 1 | 0 | 145 | 100. 0 |
| | Overall Percentage | | | | 66. 2 |

a. Constant is included in the model.　b. The cut value is. 500

将各变量数据代入模型进行拟合后，模型参数估计结果如表5.6所示。

**表5.6　　　　模型参数估计结果表**

Variables in the Equation

| | | B | S. E. | Wald | df | Sig. | Exp (B) |
|---|---|---|---|---|---|---|---|
| Step 1[a] | te | .473 | .149 | 10.092 | 1 | .001 | 1.605 |
| | gdp | 39.154 | 6.634 | 34.835 | 1 | .000 | 1.010E17 |
| | p | 1.905 | .685 | 7.743 | 1 | .005 | 6.722 |
| | lp | .383 | .151 | 6.471 | 1 | .011 | 1.467 |
| | ip | 5.838 | 113.325 | .003 | 1 | .959 | 342.927 |
| | Constant | -10.396 | 1.837 | 32.027 | 1 | .000 | .000 |

a. Variable (s) entered on step 1: te, gdp, p, lp, ip.

由表5.6知，进口渗透率ip自变量的P-值为0.959，不够显著，其他变量在0.05的显著性水平下均是显著的。因此，需要将ip变量从模型中剔除后重新进行估计。这样模型表达式重新表述为：



$$\ln\left(\frac{p_i}{1-p_i}\right)=\beta_0+\beta_1 TE_{it-1}+\beta_2 GDP_t+\beta_3 P_{it}+\beta_4 LP_{it} \qquad (5.13)$$

将各变量数值代入5.13式表述的模型进行重新估计，其估计结果如表5.7、表5.8、表5.9、表5.10所示：

**表5.7　　　　模型卡方检验结果**

Omnibus Tests of Model Coefficients

| | | Chi - square | df | Sig. |
|---|---|---|---|---|
| Step 1 | Step | 72.521 | 4 | .000 |
| | Block | 72.521 | 4 | .000 |
| | Model | 72.521 | 4 | .000 |

**表 5.8　　　　模型综述表**

Model Summary

| Step | -2 Log likelihood | Cox & Snell R Square | Nagelkerke R Square |
|---|---|---|---|
| 1 | 20.764[a] | .782 | .801 |

a. Estimation terminated at iteration number 6 because parameter estimates changed by less than .001.

**表 5.9　　　　预测分类表**

Classification Table[a]

| | Observed | | Predicted | | |
|---|---|---|---|---|---|
| | | | y | | Percentage Correct |
| | | | 0 | 1 | |
| Step 1 | y | 0 | 50 | 24 | 67.6 |
| | | 1 | 11 | 134 | 92.4 |
| | Overall Percentage | | | | 84.0 |

a. The cut value is .500



**表 5.10　　　　模型参数估计结果表**

Variables in the Equation

| | | B | S.E. | Wald | df | Sig. | Exp (B) |
|---|---|---|---|---|---|---|---|
| Step1[a] | te | .477 | .122 | 15.280 | 1 | .000 | 1.612 |
| | gdp | 39.094 | 6.525 | 35.895 | 1 | .000 | 9.508E16 |
| | p | 1.906 | .684 | 7.774 | 1 | .005 | 6.728 |
| | lp | .382 | .149 | 6.596 | 1 | .010 | 1.465 |
| | Constant | -10.392 | 1.835 | 32.072 | 1 | .000 | .000 |

a. Variable (s) entered on step 1: te, gdp, p, lp.

由表5.7可知，该模型的三种卡方统计量的P值都是0，显著性水平较高，因此该模型是显著的。由表5.8可知，-2LL的数值较小，$R^2$ 也接近于1，这说明该模型的拟合度较高，拟合效果较好。由表5.9可知，该模型的预测分类正确率为84%，尤其是对于受反倾销政策保护的样本预测正确率更高，达到了92.4%。由表5.10可知，各自变量在0.05的显著性水平下均显著，并且，通过各自变量对受反倾销政策保护可能性优势比的数值OR即Exp（B）的比较可知，各自变量对受反倾销政策保护可能性的影响都比较大，其影响都是正向的。

由表5.10中各自变量的回归系数可得Logistic模型的表达式为：

$$\ln\left(\frac{p_i}{1-p_i}\right) = 1.612TE_{it-1} + 9.508 \times 10^{16} GDP_t + 6.728P_{it} + 1.465LP_{it} \tag{5.14}$$

（3）对照组的确定

根据估计获得的5.14式Logistic模型，预测MDI和聚苯乙烯的涉案生产企业受反倾销政策保护的可能性即 $p$ 值。当 $p \geq 50\%$ 时，$y=1$，即受反倾销政策保护的可能性较大，与实验组企业具有“相似”的属性分布；当 $p<50\%$ 时，$y=0$，即不可能受反倾销政策保护，这些生产企业不能入选为对照组，否则会产生选择偏差，降低对照组选取的随机性，从而会影响评估结果。将受反倾销政策保护可能性的预测值 $p$ 大于50%的涉案生产企业作为ECM方法的对照组，用于评估反倾销政策的实施效果。具体预测结果见附录A，其中y值为1的涉案生产企业组成对照组，共有211家企业。

### 5.3.3 全要素生产率的估算

本章根据反倾销政策对企业经营绩效的影响特点，选取全要素生产率指标对反倾销政策企业层面的实施效果进行评估。对照组和实验组企业全要素生产率的估算采用 C－D 生产函数法。全要素生产率估算模型依据于 5.2.2 部分中的 5.8 式，通过 Spss16.0 软件利用最小二乘法（OLS）进行估计。

（1）数据的选择与说明

工业总产值 $Y$、资本存量 $K$ 和劳动投入 $L$ 的样本数据均根据中国工业企业数据库中相关数据进行整理获得。为了统计数据的准确性和统一性，本研究选取 1999 年为基期，各企业各年的工业总产值 $Y_{it}$ 利用各年的物价指数进行平减；采用各企业各年的就业人员数代表劳动投入 $L_{it}$；资本存量 $K_{it}$ 的估计，采用目前普遍使用的方法，即由 Goldsmith 于 1951 年开创性运用的永续盘存法（Perpetual Inventory Method，简称 PIM）。资本存量的估算一般可以写为：

$$K_{it} = K_{i,t-1}(1-\delta) + I_{it} \tag{5.15}$$

$I_{it}$ 表示第 t 年的固定资产投资，其数据来源于中国工业企业统计数据库中各企业的投资数据，并且，利用各年的物价指数将 $I$ 折算为 1999 年不变价格的实际值。$K_{it}$ 表示第 t 年的固定资产价值，数据来源于中国工业企业统计数据库中的固定资产数据。$\delta$ 表示 1999—2007 年间各企业固定资产的折旧率。关于资本存量估算中折旧率的研究存在颇多争议，对于企业的固定资产折旧率估算一般采用会计方法，单豪杰（2008）[148] 通过对许多学者折旧率研究的分析，在建筑年限 38 年和设备年限 16 年的假定之下，分别估算出企业建筑的折旧率为 8.12%，设备的折旧率为 17.08%。本章鉴于不区分建筑和设备，并且考虑到化工行业的固定资产投资设备较多，因此，将折旧率统一为 15%。

（2）资本弹性系数 $\alpha$ 和劳动弹性系数 $\beta$ 的计算

对于资本弹性系数 $\alpha$ 和劳动弹性系数 $\beta$，一般通过最小二乘法进行回归计算获得，采用的回归方程如 5.16 式所示。并且，为了消除资本和劳动两个变量之间的多重共线性问题，其弹性系数遵循规模报酬不变的约束，即：

$$\alpha + \beta = 1 \tag{5.16}$$

由于计算的主要目的是为了求得资本产出弹性和劳动产出弹性系数，并且时间变量的系数很小，因此在回归中忽略了时间变量系数的变化。于是将实验组和对照组企业的样本数据代入回归方程 5.16，通过 Spss16.0 软件采用最小二乘法进行回归，其回归结果如表 5.11、表 5.12、表 5.13 所示：

**表 5.11　　方差分析表**

| Analysis of Variance | | | | | |
|---|---|---|---|---|---|
| Source | DF | Sum of Squares | Mean Square | F Value | Pr > F |
| Model | 1 | 2188.73744 | 2188.73744 | 1336.88 | <.0001 |
| Error | 902 | 1476.75149 | 1.63720 | | |
| Corrected Total | 903 | 3665.48892 | | | |



**表 5.12　　回归统计量表**

| Root MSE | 1.27953 | R – Square | 0.5971 |
|---|---|---|---|
| Dependent Mean | 9.93770 | Adj R – Sq | 0.5967 |
| Coeff Var | 12.87552 | | |

由表 5.11 中 Pr > F 的值为 <.0001 可知，该模型在 0.05 的水平下是显著的。表 5.12 中 Adj R – Sq 的值为 0.5967 大于 0.5，说明该模型的拟合度较好。由表 5.13 回归方程的各参数估计及其概率水平可知，各参数及其约束条件在 0.05 的水平下是显著的。因此可得：

**表 5.13　　回归方程的参数估计及假设检验**

| Parameter Estimates | | | | | |
|---|---|---|---|---|---|
| Variable | DF | Parameter Estimate | Standard Error | t Value | Pr > \|t\| |
| Intercept | 1 | 2.77015 | 0.13994 | 19.79 | <.0001 |
| lnk | 1 | 0.42407 | 0.02708 | 15.66 | <.0001 |
| lnl | 1 | 0.57593 | 0.02708 | 21.26 | <.0001 |
| RESTRICT | -1 | -690.48215 | 59.37723 | -11.63 | <.0001 |

$\alpha = 0.42407$　　$\beta = 0.575$

（3）实验组和对照组企业全要素生产率的估算

将 $\alpha$ 和 $\beta$ 的值代入 5.8 式得：

$$TFP_{it} = \frac{Y_{it}}{K_{it}^{0.42407} L_{it}^{0.57593}} \tag{5.17}$$

然后将实验组和对照组企业的工业总产值、资本存量和劳动投入数据代入 5.17 式即可获得各企业的全要素生产率。由于数据较多，因此仅在附录 B 中列出了实验组企业和对照组企业全要素生产率的部分估算结果。

### 5.3.4　基于双重差分模型的反倾销政策企业层面效果评估

根据计量经济学中政策效果综合评价的差分原理，构建了反倾销政策效果评估的双重差分模型，模型表达式如 5.11 式所示。

（1）数据的选取与说明

模型中的因变量是全要素生产率（TFP），计算公式如 5.17 所示，其数据来源于本章上一节中估算出的实验组和对照组各企业的全要素生产率值。

模型中的 AD 虚拟变量反映反倾销政策的实施效果，该变量的估计系数用于反映反倾销政策在实验组企业和对照组企业之间的差异影响，因此它是评估反倾销政策实施效果的关键所在。AD 变量对于实验组企业在反倾销政策实施前的时间段内取值为 0，反倾销政策实施后的时间段内取值为 1；对于对照组企业（即通过 Logistic 模型得出的企业）AD 变量全部取值为 0。实验组企业为执行反倾销政策的产品苯酚、丙烯酸酯、涤纶短纤、丁苯橡胶、己内酰胺、聚氯乙烯、聚酯切片、邻苯二酚生产企业，反倾销政策实施前的时间段为 1999—2002 年，反倾销政策实施后的时间段为 2003—2007 年；对照组企业为生产产品 MDI、聚苯乙烯，所预测受反倾销政策保护可能性大于 50% 的企业，在 1999—2007 年所有时间段内 AD 变量取值均为 0。

虚拟变量 *Ever—Protection* 主要用于解释实验组和对照组受反倾销政策保护企业和未受反倾销政策保护企业之间的时间不变性差异，并对受反倾销政策保护企业未观测到的具体特征加以控制。其取值取决于该企业所在行业是否曾经受过反倾销政策保护。如果该企业所在行业在分析期内曾经受过反倾销政策保护，无论是在反倾销政策实施前或后，均取值为 1；否则，取值为 0。



*Year* 变量用于控制对实验组企业和对照组企业的 TFP 都产生影响的时间效应，如商业周期效应、需求冲击或其他宏观因素冲击等。由于反倾销政策的实施期一般为 5 年，因此，该变量作为虚拟变量其取值情况如下：反倾销政策实施第一年取值为 1，非第一年取值为 0；反倾销政策实施第二年取值为 1，非第二年取值为 0；反倾销政策实施第三年取值为 1，非第三年取值为 0；反倾销政策实施第四年取值为 1，非第四年取值为 0；反倾销政策实施第五年取值为 1，非第五年取值为 0。

变量 *Province* 用于控制实验组企业和对照组企业所处省份的变量，即控制各企业的位置效应。省份不同，市场环境以及其他经济政策可能会存在差异，这样会对企业的 TFP 产生影响。然而，由于样本数量有限，而样本企业所涉及除港、澳、台之外的 31 个省、自治区和直辖市，对每一个 Province 变量进行赋值加入模型是不可行的。因此，将这 31 个省、自治区和直辖市按照我国的分类惯例划分为中东部和西部两大类，将 Province 变量作为一个虚拟变量加入到模型中。中东部的省、自治区和直辖市 Province 变量取值为 1，西部的省、自治区和直辖市 Province 变量取值为 0。具体分类如表 5.14 所示。

**表 5.14　各省、直辖市和自治区的分类表**

| 大类 | 省、自治区和直辖市的名称及代码 | | | | | | | | | | |
|---|---|---|---|---|---|---|---|---|---|---|---|
| 中东部（取值为 1） | 代码 | 11 | 12 | 13 | 14 | 15 | 21 | 22 | 23 | 31 | 32 |
| | 名称 | 北京 | 天津 | 河北 | 山西 | 内蒙古 | 辽宁 | 吉林 | 黑龙江 | 上海 | 江苏 |
| | 代码 | 33 | 34 | 35 | 36 | 37 | 41 | 42 | 43 | 44 | |
| | 名称 | 浙江 | 安徽 | 福建 | 江西 | 山东 | 河南 | 湖北 | 湖南 | 广东 | |
| 西部（取值为 0） | 代码 | 45 | 46 | 50 | 51 | 52 | 53 | 61 | 62 | 63 | 64 |
| | 名称 | 广西 | 海南 | 重庆 | 四川 | 贵州 | 云南 | 陕西 | 甘肃 | 青海 | 宁夏 |
| | 代码 | 65 | 66 | | | | | | | | |
| | 名称 | 新疆 | 西藏 | | | | | | | | |

模型中的 *Year* × Province 变量表示时间效应和位置效应之间的相互影响，其数值由 *Year* 变量和 Province 变量两个变量单独的取值相乘而获得。

综上所述，将模型中各变量的取值情况汇总如表 5.15 所示。

**表 5.15　模型中各变量的取值说明**

| 变量 | 取值 |
|---|---|
| TFP | $TFP_{it} = \frac{Y_{it}}{K_{it}^{0.42407} L_{it}^{0.57593}}$ |

续表

| 变量 | 取值 |
| --- | --- |
| AD | 实施反倾销政策取值为1，没有实施反倾销政策的取值为0 |
| *Ever* – Protection | 属于实施反倾销政策行业则取值为1，其他取值为0 |
| Year 1 | 反倾销政策实施第一年取值为1，否则取值为0 |
| Year 2 | 反倾销政策实施第二年取值为1，否则取值为0 |
| Year 3 | 反倾销政策实施第三年取值为1，否则取值为0 |
| Year 4 | 反倾销政策实施第四年取值为1，否则取值为0 |
| Year 5 | 反倾销政策实施第五年取值为1，否则取值为0 |
| Province | 中东部取值为1，西部取值为0 |

（2）实证结果及分析

将实验组企业和对照组企业的全要素生产率数据以及各虚拟变量数据代入模型5.11，利用Stata软件做模型回归。模型回归系数结果如表5.16所示。

**表5.16　　　　模型回归系数表**

| Coefficients[a] | | | | | | |
| --- | --- | --- | --- | --- | --- | --- |
| Model | | Unstandardized Coefficients | | Standardized Coefficients | t | Sig. |
| | | B | Std. Error | Beta | | |
| 1 | (Constant) | .056 | .021 | | 2.616 | .009 |
| | AD | –.035 | .016 | –.076 | –2.224 | .026 |
| | EVER – Pro | –.061 | .013 | –.178 | –4.517 | .000 |
| | Province | .021 | .021 | .033 | .996 | .020 |
| | YEAR 1 | –.012 | .025 | –.018 | –.493 | .622 |
| | YEAR 2 | .021 | .023 | .033 | .903 | .367 |
| | YEAR 3 | .053 | .051 | .035 | 1.028 | .304 |
| | YEAR 4 | .177 | .058 | .101 | 3.028 | .103 |
| | YEAR 5 | .060 | .050 | .040 | 1.200 | .231 |

a. Dependent Variable：TFP

由表 5.16 可知，变量 Year1、Year2、Year3、Year4、Year5 在 0.05 的显著性水平下不显著，这说明 *Year* 变量对反倾销政策效果的影响不明显。因此，将模型 5.11 重新表述为：

$$TFP_{ijt} = \alpha_0 + \alpha_1 AD + \alpha_2 Ever - \mathrm{Pro}tection_j + \alpha_4 \mathrm{Pro}vince \quad (5.18)$$

然后，将实验组企业和对照组企业全要素生产率数值以及各虚拟变量的数据代入模型 5.18 中进行回归。其回归分析结果如表 5.17、表 5.18 所示：

**表 5.17　　　　模型方差分析表**

| ANOVA[b] | | | | | | |
|---|---|---|---|---|---|---|
| Model | | Sum of Squares | df | Mean Square | F | Sig. |
| 1 | Regression | 84276.750 | 3 | 28092.250 | 5.065 | .002[a] |
| | Residual | 3411028.830 | 615 | 5546.388 | | |
| | Total | 3495305.580 | 618 | | | |
| a. Predictors: (Constant), Province, AD, EVER | | | | | | |
| b. Dependent Variable: TFP | | | | | | |

**表 5.18　　　　模型回归系数表**

| Coefficients[a] | | | | | | |
|---|---|---|---|---|---|---|
| Model | | Unstandardized Coefficients | | Standardized Coefficients | t | Sig. |
| | | B | Std. Error | Beta | | |
| 1 | (Constant) | 60.804 | 12.469 | | 4.876 | .000 |
| | AD | 19.353 | 8.590 | .123 | 2.253 | .025 |
| | EVER | -31.280 | 8.312 | -.208 | -3.763 | .000 |
| | Province | -18.139 | 11.876 | -.062 | -1.527 | .027 |
| a. Dependent Variable: TFP | | | | | | |

由表 5.17 可知，模型的显著性水平值 Sig. =0.002，这说明该模型在 0.05 的显著性水平下是显著的。由表 5.18 可知，模型各参数的统计显著性水平至最高为 0.027，这说明，各参数在 0.05 的显著性水平下也是显著的，更重要的是，AD 变量的估计系数即 $\alpha_1$ 为 19.353，这说明反倾销政策的实施对全要素生产率的影响是正向的，并且效果非常显著的，实验组企业由于实施了反倾销政策，其全要素生产率比对照组企业提高了 19.353 个百分点。

综上所述，根据 ECM 方法的原理，利用化工行业反倾销涉案企业数据对反倾销政策企业层面的实施效果进行了评估。实证结果显示，反倾销政策的实施显著提高了实验组企业的全要素生产率水平，也就是说，反倾销政策的实施能够有效弥补国外竞争企业进行倾销所造成的产业损害，并且使得涉案企业在反倾销政策的保护下通过改进和发展技术而大大提高了其与国外企业的竞争能力，切实实现了反倾销政策实施的预期目的。

# 第6章 反倾销政策效果评估的 ICACM 方法及实证研究：产业层面

产业具有不同于企业的特点，产业是由从事同类或相似经济活动的相关企业构成的集合或经济系统。反倾销政策对于产业的影响具有不同于企业的表现，基于反倾销调查机关管理决策的视角，对反倾销政策实施效果评估关注的重点是产业层面的影响效果。原因在于调查机关如果以纷繁复杂、特征多样的企业为反倾销政策决策管理对象，显然会产生管理对象数量过多、管理幅度过宽、信息传递跨度较大、政策决策成本过高等决策不利因素。所以，基于反倾销调查机关的实践需求，检验反倾销政策是否弥补了国内产业损害，是否对国内产业发展产生了应有的作用，对反倾销政策产业层面的反倾销政策实施效果进行科学评估从对反倾销调查机关提供决策支持提供依据角度来讲具有非常重要的意义。

根据反倾销政策效果评估方法设计的原则，基于政策效果评估的原理，本章拟设计评估反倾销政策产业层面效果的 ICACM 方法，并利用我国典型的反倾销案例数据对其进行了实证检验。

## 6.1 ICACM 评估方法概述

反倾销政策效果评估的产业虚拟状态和实际状态对比法（Industry Counter – factual and Actual Condition Comparative Method，简称 ICACM），根据反倾销政策实施前的产业实际发展状态综合值建立趋向线预测模型，然后利用该趋向线模型预测未实施反倾销政策的产业发展虚拟状态综合值，将其与实施反倾销政策的产业实际发展状态综合值进行对比分析从而评估反倾销政策的实施效果。它主要源于公共政策效果评估中的“政策有—无对比分析”方法的原理。



### 6.1.1 ICACM 评估方法的原理

政策效果评估问题本质上是一个缺失数据问题，其根本原因在于，同一观察主体无法在同一时点处于两种不同的政策状态之下：新政策和旧政策（或没有政策）。例如，国家推出一项环保税收优惠政策，企业只能选择参加或者不参加，而不可能同时处于两种状态之下。该优惠政策实施一段时间之后，国家有关部门会评估其效果，即相对于没有实施该政策时而增加的环保收益。用 Y 表示所测度的结果变量如减少的排污量等，$Y_{it}^1$表示第 i 家企业 t 时刻参加环保税收优惠政策的结果，$Y_{it}^0$表示第 i 家企业 t 时刻没有参加环保税收优惠政策的结果。则政策对第 i 家企业 t 时刻的影响效果为：

$$\alpha_{it} = Y_{it}^1 - Y_{it}^0 \tag{6.1}$$

其中 $\alpha_{it}$表示政策对第 i 家企业在时刻 t 的影响效果。用虚拟变量 $d_i$ 表示参加政策与否，$d_i=1$ 表示第 i 家企业参加该项政策，$d_i=0$ 则表示第 i 家企业不参加该项政策。因此，可以得到如下综合表达式：

$$Y_{it} = d_i Y_{it}^1 + (1-d_i) Y_{it}^0 \tag{6.2}$$

然而在现实中，无法同时观测到 $Y_{it}^1$和 $Y_{it}^0$，也就是说观察主体缺少不参加政策的虚拟状态（counter - factual condition），所以无法直接估计出政策的影响效果 $\alpha_{it}$。为了估计出 $\alpha_{it}$，可以利用观察主体实际的数据通过预测方法寻求其不参加政策的虚拟状态，进行政策效果的反事实模拟评估。

ICACM 评估方法正是基于政策效果评估的反事实模拟评估原理，根据反倾销政策执行前的产业各经济指标数据利用回归等预测方法建立产业综合状态的各经济指标趋向线，然后利用这一趋向线通过预测方法对反倾销政策执行后某一时间点的产业虚拟状态各经济指标值和综合状态值进行预测，将这些经济指标和综合状态的预测值与反倾销政策执行后的实际值进行对比分析，即可进行反倾销政策执行的效果评估。其原理如图 6.1 所示。遭受倾销损害的产业在反倾销政策执行前根据产业发展的实际状态数据建立趋向线 Q1Q2 的预测模型，利用预测方法通过趋向线 Q1Q2 对产业在反倾销政策执行后假设继续存在倾销的虚拟状态进行预测，获得其相应的预测值 A1，然后将 A1 与产业在反倾销政策影响下的实际状态值 A2 进行比较分析即可对反倾销政策产业层面的影响效果进行评估。由于趋向线是采用预测回归等分析方法确定的，因此，它可以在一定程度上排除其他非反倾销政策因素的影响。如图 6.1 所示。

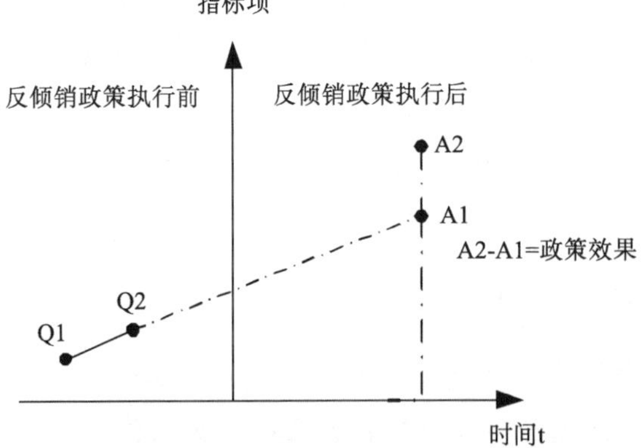


**图 6.1 反倾销政策产业层面效果评估的 ICACM 方法原理图**

### 6.1.2 ICACM 评估方法应用过程中需要解决的关键问题

根据上述评估原理，运用 ICACM 方法评估反倾销政策产业层面的实施效果需要解决的关键问题主要包括：

（1）反倾销政策产业层面效果评估指标的选取及其体系的构建问题，即图 6.1 中纵轴代表哪些指标项以及指标体系各指标的权重如何确定？

（2）反倾销政策执行前国内产业的实际状态以及发展趋势的确定问题，即图 6.1 中 Q1 和 Q2 点的位置如何确定以及 Q1 - Q2 趋向线预测模型如何构建？

（3）反倾销政策执行后国内产业的实际状态以及虚拟状态的确定问题，即图 6.1 中 A1 和 A2 点的位置以及 A2 - A1 如何确定？

（4）反倾销政策效果评估标准的确定问题，即政策效果 A2 - A1 与谁进行比较？

关于以上关键问题，在本章后续部分将依次给予解决，并给出 ICACM 评估方法的计算过程，然后利用相关案例数据进行应用验证。

## 6.2　ICACM 评估方法计算过程的关键步骤分析

根据反倾销政策产业层面效果评估原理，基于 ICACM 评估方法应用中需要解决的关键问题，其关键的计算过程可以细分为评估指标体系构建及各指标权重的确定、产业实际状态综合值的计算、趋向线的确定、评估标准的确定四步。下面对每一步依次进行分析。

### 6.2.1　评估指标体系的构建及指标权重的确定

对于反倾销政策产业层面效果评估指标的选取及其体系的构建问题，在本书的第 4 章中已经进行了详细分析，这里不再赘述。产业层面的效果评估采用第 4 章中构建的指标体系。而各评估指标权重的确定是科学客观评估反倾销政策产业层面效果的关键。

目前，国内外关于评估指标权重的确定方法繁多，这些方法各有特点，根据权重计算时原始数据来源的不同大致可以将这些方法概括为两类：主观赋权法和客观赋权法。

（1）主观赋权法

主观赋权法是指确定指标权重所依据的原始数据主要是通过专家根据经验主观判断获得的，然后进行统计而获得指标权重的方法。这类方法主要有层次分析法、德尔菲法、专家咨询法、环比评分法以及模糊综合评价法等。其共同特征表现为各级指标权权重受专家的经验以及知识结构等主观因素影响较大，选取的专家不同，获得的指标权重就会不同，但其优点在于各专家能够根据实际问题，合理的确定出各指标权重系数之间的排序，不至于出现指标系数与其实际重要程度相悖的情况。目前，应用最广泛的主观赋权法是层次分析法（analytic hierarchy process，AHP），它是由美国运筹学专家 T. L. Statty 等人于 20 世纪 70 年代提出的一种定性与定量分析相结合的综合评价决策方法。其主要特点，是在深入分析复杂评价与决策问题的本质、影响因素及其内在关系之后，构建一个评价与决策的层次结构模型，然后利用较少的定量信息，将评价者对复杂系统的评价思维过程数学化，从而达到解决多层次、无结构特性的复杂评价与决策问题的目的。其基本步骤是评价者通过将复杂评价问题分解为多个层次和相关因素，依据某些评判原则，在同层次的各要素之间进行简单的比较与判断，依据所得的判断矩阵计算出每一层次中各因素的相对重要性，从而获得各级指标的评价权重系数。层次分析法确定指标权重的过程主要包括构造判断矩阵、检验判断矩阵的一致性等步骤。



（2）客观赋权法

客观赋权法根据实际采集的数据判定各指标间的相关关系或变异程度从而确定指标权重系数的方法。与主观赋权法相比，避免了权重系数来源的主观性，使其具备了相对较强的客观性。这类方法主要有主成分分析法、因子分析法、熵值赋权法、拉开档次法、均方差法和极值法等。这类方法最大的优点在于降低了人为因素的主观影响，然而，由于该方法对权重的判断主要依据于样本数据的处理，指标权重系数确定过程中容易出现指标的权重系数与其实际重要程度不一致的情况，并且往往需要较大的数据样本量，因而在实际应用中往往会受到限制。目前，应用较广泛的主要有主成分分析法、因子分析法和熵值赋权法。

综上所述可知，主观赋权法和客观赋权法各有优缺点，因此，为了更加科学合理地确定各评估指标的权重系数，本章首先分别采用层次分析法和因子分析法确定各指标的权重系数，然后，为了均衡两种方法的利弊，采用线性加权平均的方法综合计算各指标的权重系数。其计算公式如下：

$$w_i = \alpha w_i^{(1)} + (1-\alpha) w_i^{(2)} \tag{6.3}$$

其中，$i = 1, 2, \cdots n$，$\alpha$ 根据具体情况取0到1之间的数值，一般取值为0.5。$w_i$ 即为采用组合赋权法确定的各指标权重系数。

### 6.2.2　产业发展状态综合评估值的计算

（1）指标的无量纲化处理

产业的发展状态表现比较复杂，反映为多种指标的综合，计算产业发展状态评估值的基础是评估指标数量化和指标归一化处理。反映产业发展状态的各种指标可以根据其性质采用不同的测量尺度进行数量化，然而，数量化后不能直接进行比较，因为它们的量纲不同，这必须使之在量纲上统一，即量纲一元化。而量纲一元化的重要方法是无量纲化。例如，我们可以将各种方案在同一指标下加以比较，采用综合得分法，使各种方案都得到无量纲的“分”。当各项指标都有得分之后，就可以得到所有归一化的指标，这样就将各指标的实际值转化为评估值，就可以进行统一的运算并进行比较了。

本章将反映产业发展状态的绝大多数指标采用简单阈值法进行标准化处理，其公式为：

$$y_i = \frac{x_i}{\max x_i} \tag{6.4}$$

其中，$x_i$ 为某指标的实际值，$\max x_i$为样本中该指标取得的最大实际值，$y_i$为归一化处理后指标的评估值。

对于税前利润指标，其实际值可能会出现负数的情况，因此，采用极值差值法对其进行标准化处理，其公式为：

$$y_i = \frac{x_i - \min x_i}{\max x_i - \min x_i} \tag{6.5}$$

其中，$x_i$ 为某指标的实际值，$\max x_i$为样本中该指标取得的最大实际值，$\min x_i$ 为样本中该指标取得的最小实际值，$y_i$为归一化处理后各指标的评估值。

（2）综合评估值的计算方法

各评估指标进行了归一化处理并获得了描述产业状态的各指标得分之后，需要采用适当的计算方法将指标得分进行综合以获得产业不同时点的状态综合评估值。目前关于综合评估值的计算方法主要有加权平均法、功效系数法、TOPSIS 方法、灰色综合评估法、模糊综合评判法等。

加权平均法是指标综合的基本方法，也是最简单的一种指标综合方法，它具有加法法则和乘法法则两种形式。

假设有指标 $F_j$ 的得分为 $a_j$，各指标的权重系数为 $w_j$，则综合得分值 $\phi$ 加法法则形式为：$\phi = \sum_{j=1}^{n} w_j a_j$，其乘法法则形式：$\phi = \prod_{j=1}^{n} a_j^{w_j}$。

乘法法则公式要求各项指标尽可能取得较好的水平，才能使总的评估值较高。只要一项指标的得分为零，综合评估值就会为零，相当于“一票否决”。加法法则公式中各项指标的得分可以线性的互相补偿，一项指标的得分较低，其他指标的得分都比较高，总的评估值也比较高，任何一项指标的改善，都可以使总的评估值较高。

功效系数法主要是通过对指标的无量纲化处理，根据功效系数来评估方案的优劣的一种系统性综合评价方法。对评估方案的各指标赋予一定的功效系数 $d_i$（$0 \leqslant d_i \leqslant 1$），其中 $d_i = 0$ 表示最不满意，$d_i = 1$ 表示最满意，当评估方案的指标值全部转化为功效系数 $d_i$ 后，可以用一个总的功效系数 $D = \sqrt[n]{d_1 d_2 d_3 \cdots d_n}$（$0 \leqslant D \leqslant 1$）作为一个总的评价指标，$D$ 的综合性很强，是一个正项指标，其值越大越好。

TOPSIS（technique for order preference by similarity to ideal solution）方法是逼近理想解的排序方法。它利用多目标决策问题解决原理获得各方案的理想解和负理想解，然后根据各方案与理想解和负理想解的距离给各方案排序，其中距离理想解最近，同时距离负理想解最远的方案即为所有方案中最优的。理想解是方案集合中并不存在的最佳方案，其每个属性值都是决策矩阵中该属性的最好值；而负理想解则是虚拟最差方案，其每个属性值都是决策矩阵中该属性的最差值。该方法的关键之处就是寻找决策方案的“理想解”和“负理想解”。在进行综合评估时，可以通过计算各样本指标值与最优值的相对距离，并将该距离作为综合评估值，从而进行评价。

灰色综合评估方法是多因素分析法的一种，其理论依据是灰色系统理论（Grey System Theory）。该理论是由中国学者邓聚龙于 1982 年创立的。它以“部分信息明确，部分信息未知”的“小样本，贫信息”不确定性系统为研究对象，主要通过对已知“部分”信息的生成、开发，提取有价值的信息，实现对系统运行行为、演化规律的正确描述和有效监控[149]。由于灰色系统模型对实验观测数据没有什么特殊的要求和限制，并且人们的社会、经济活动以及科研活动中符合灰特征的不确定问题非常多，所以其应用领域非常广泛。其分析的主要工具是灰色关联模型，通过计算比较数列与参考数列的关联系数和关联度，来确定各种影响因素或备选方案的重要度，进而选取出重要因素或最优方案。

模糊综合评价法（Fuzzy Comprehensive Evaluation Method）是一种基于模糊数学的多因素综合评价方法。模糊数学理论通过模糊集利用隶属函数将不确定性在形式上转化为确定性，也就是将模糊性加以量化，从而为解决模糊不确定性问题提供了数学工具。模糊综合评价法根据模糊数学的隶属度理论将定性评价转化为定量评价，能较好地对涉及多个模糊因素的对象作出总体评价。它首先将系统的各因素进行层次划分，然后由最低层次开始由下至上对各层次的模糊因素进行综合评价，最终可得到系统的综合评价结果。它具有结果清晰和系统性强的特点，能较好地解决模糊的、难以量化的不确定性问题，适合于解决各种不确定性问题。



在计算进口竞争产业的状态综合评估值时，可以根据不同的要求选择不同的综合评估方法。当评估精度要求不高时，可以采用加权平均法、功效系数法以及 TOPSIS 方法；当评估精度要求较高，并且评估指标具有灰色特征或模糊性较强时，可以采用灰色综合评估方法或模糊综合评价法。

### 6.2.3 趋向线的确定

趋向线的确定是 ICACM 评估方法计算过程中最为关键的问题之一，趋向线实际上是由反倾销政策实施前的国内进口竞争产业发展实际状态的指标数据预测反倾销政策实施后假设不存在反倾销政策的产业发展虚拟状态的方法，本质上是一种“反事实”的预测方法。下面对国内进口竞争产业发展虚拟状态预测的基本思路、预测的相关基本因素、预测方法以及评估指标体系中各具体指标值的预测进行详细阐述。

（1）国内产业虚拟状态预测的基本思路

进口竞争产业的发展状态表现为各因素的综合，这样，在对反倾销政策实施后假设不存在反倾销政策的进口竞争产业发展虚拟状态进行预测时，可以根据数据的可获得性采用两种预测评估思路。

第一种思路是先综合评估后预测，即先对产业损害时的季度或月度数据进行综合评估，然后利用适当的预测方法对不实施反倾销政策即倾销持续存在时的发展趋势进行预测。采用这种思路的前提条件是已经获得国内进口竞争产业在受到反倾销政策影响之前的 3—5 年甚至更长时间的月度或季度指标数据。具体过程为：首先，使用本章所介绍过的适当的综合评估方法对国内进口竞争产业的评估指标体系进行综合评估，获得反倾销政策实施前 3—5年甚至更长时间的产业月度或季度综合评估值；其次，绘制出上述综合评估值连续时间序列的散点图，并根据其变动趋势选择适当的预测方法；最后，利用选定的预测方法对国内进口竞争产业在未受反倾销政策影响情况下的虚拟综合发展状态进行预测评估，获得国内进口竞争产业的虚拟发展状态综合评估值。如图 6.2 所示。

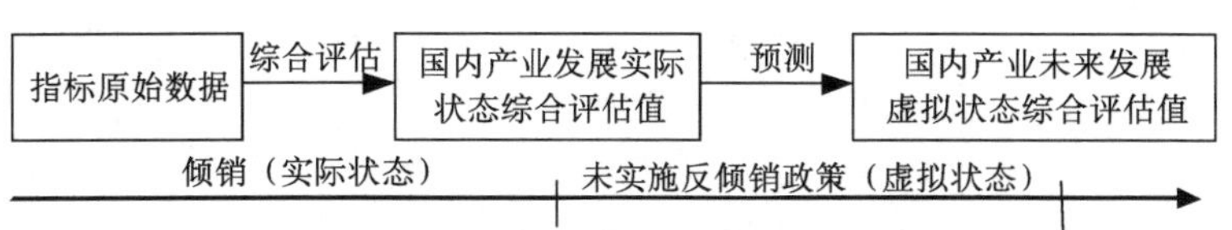


**图 6.2　先综合评估后预测的思路图**

第二种思路是先进行指标值的预测后综合评估，即首先采用适当的预测方法直接对各指标数据在未实施反倾销政策即倾销持续存在情况下的趋势进行预测，然后再基于各指标预测值进行综合评估。采用该思路的前提是数据获得较难，仅能收集到反倾销政策实施前3—5年国内进口竞争产业的年度数据。大量实际样本数据的缺乏将会影响到预测的准确性。为了较好的解决这一问题，可以根据各指标之间的钩稽关系，通过运用合理的预测方法，利用指标历史数据的变化情况来预测国内竞争产业各指标未来的发展趋势。然后，根据指标预测数据对国内产业的发展趋势进行综合评估。如图6.3所示。

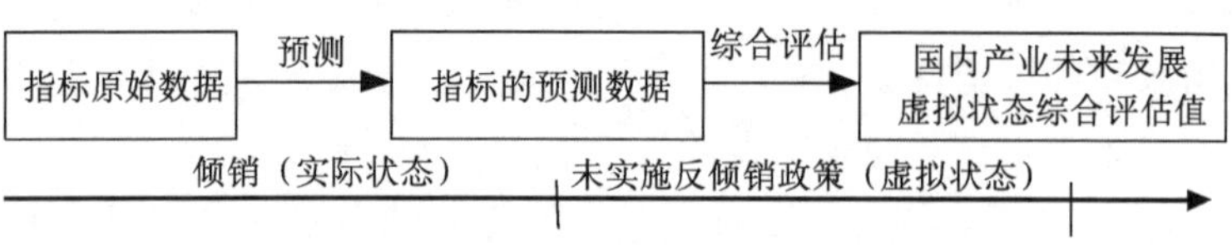


**图6.3　先指标预测后综合评估的预测思路图**

（2）产业虚拟状态预测相关的基本问题分析

国内进口竞争产业虚拟状态的预测过程大致如下：首先，需要明确国内进口竞争产业受倾销影响的时间，收集预测产业虚拟发展状态所需的基础样本数据，并对该样本数据进行相关的特征分析；其次，根据国内产业历史数据样本量大小、数据特征以及“反事实”虚拟评估所需要的预测时间跨度，合理选择适当的预测方法与模型；最后，通过预测结果与原始数据的拟合度及相关检验变量，对模型的适用性和预测精度进行评估，如果预测模型通过检验则对国内产业进行“反事实”预测评估，如果预测模型无法通过检验，则重新选择预测模型进行预测直至通过检验为止。这里需要说明的一点是，由于反倾销涉及不同的产品，而不同的产品产业具有不同的特征，并且各产业受倾销影响的时间、程度等方面都具有不同的表现，所以各反倾销涉案产业在倾销影响下的发展情况千差万别。因此，在进行国内进口竞争产业虚拟状态的预测评估时，不可能采用统一的预测模型与方法，而是需要根据国内产业的具体情况进行相应的选择，才能保证评估结论的可靠性。

根据其预测过程可知，预测相关的基本问题主要包括：

第一，预测的基期样本。进行国内进口竞争产业未来发展的“反事实”虚拟状态预测首先需要获得预测的基础样本数据，而此基础样本数据是国内产业受到倾销损害而未实施反倾销政策的各产业发展经济指标数据。那么，如何确定国内产业受到倾销损害而未实施反倾销政策这一时期呢？

根据反倾销实践，国内进口竞争产业遭受倾销损害的情况千差万别，一些产业可能在提起反倾销申诉前就已经长期遭受国外产品倾销的损害，而有些产业则可能在受到倾销损害或倾销损害威胁后短期内就提起了反倾销申诉，因此不能简单地将产业提起反倾销申诉的时间作为起点。

根据 WTO《反倾销协议》以及我国《反倾销条例》的规定，调查机关在进行倾销造成的产业损害确定时，只需要考察国内产业在提起反倾销申诉前三年内的产业发展态势，即以反倾销立案前三年作为产业损害的调查期。基于这一实践，预测的基础样本数据至少应包括国内产业在提起反倾销申请前三个自然年度的产业发展经济指标数据。然而，由于年度数据相对较少，这样会影响预测的有效性，因此，在进行产业未来发展趋势的预测时可以将基期样本数据范围扩展到 4—5 年，并且要采用月度或季度数据。

第二，预测的时间跨度。国内进口竞争产业未来发展虚拟状态预测的时间跨度一般是指反倾销政策实施至反倾销政策终结这一时间段。根据反倾销实践以及 WTO《反倾销协议》、我国

《反倾销条例》的规定，反倾销政策属于暂时性保护政策，其实施期限一般为5年。如果涉案产业在反倾销政策5年期限到期之前认为有继续征收反倾销税的必要，需要再次提起反倾销复审，经调查机关调查后确定是否继续征收5年的反倾销税，但再次征收的案件多属于个案。因此，一般将预测的时间跨度确定为反倾销政策实施后的5个自然年度，有时还需要包括征收临时反倾销税的期间。

第三，预测的对象。预测的基本思路不同，预测的对象也不同。先进行综合评估后预测思路的预测对象是反倾销政策实施后5年的季度或月度产业虚拟状态综合评估值；先进行指标预测后综合评估思路的预测对象是反倾销政策实施后5年的产业虚拟发展状态的经济指标预测值。因此，在进行国内产业虚拟状态预测时需要根据预测的思路合理确定预测对象。

综上，根据国内产业未来发展虚拟状态预测的大致过程及其相关基本问题分析，在反倾销政策产业层面效果评估的ICACM方法中需要对这些基本问题进行科学处理。



(3) 预测方法

预测科学的发展为理论研究提供了大量的预测方法和模型。基于预测方法的基本属性可以分为定性预测法和定量预测法。定性预测方法主要依据人们对预测对象系统过去和现在的经验、判断和直觉如市场调查、专家打分、主观评价等作出的预测。定量预测方法又称为"数学分析法"，它是根据预测目标利用预测对象系统的历史和现实数据，按变量之间的函数关系建立数学模型，从而计算出预测对象系统各指标的预测值。

目前，广泛应用的定性预测方法主要包括德尔菲法、主观概率法、领先指标法等，主流的定量预测方法主要包括移动平均法、指数平滑法、趋势外推法、博克斯—詹金斯（Box—Jenkins）时间序列法、线性回归分析法、马尔可夫法、灰色预测法、神经网络预测法、计量经济预测法等。每一种方法都具有一定的适用范围和优缺点，具有不同的预测精度和成本，其特点如表 6.1 所示。

**表 6.1　各种预测方法的特点比较**

| 方法名称 | 预测原理 | 数据量要求 | 数据分布 | 预测时间跨度 |
|---|---|---|---|---|
| 移动平均法 | 经济要素变化的时间序列推移理论 | 5—10 个样本量 | 稳定水平变动 | 较短 |
| 指数平滑法 | 信息波动历史影响倒衰退理论 | 10—20 个样本量 | 短期趋势变动 | 较短 |
| 趋势分析法 | 经济发展曲线趋势延伸理论 | 10—20 个样本量 | 长期趋势变动 | 较长 |
| B - J 时间序列法 | 经济系统自回归理论 | 30—50 个样本量以上 | 平稳时间序列 | 较短 |
| 线性回归法 | 计量经济学原理 | 10—30 个样本量 | 无要求 | 较长 |
| 灰色预测法 | 灰色系统理论和微分方程原理 | 5 个或以上样本量 | 无要求 | 较长 |
| 神经网络预测法 | BP 神经网络和非线性函数理论 | 50 个样本量以上 | 无要求 | 较短 |

进行国内产业假设不存在反倾销政策的虚拟状态预测可以根据基期样本量的多寡和预测精度的要求选择合适的预测方法。可供选择的情况可以归为单一方法预测与组合方法预测两大类。

①单一方法预测。根据不同的预测要求以及所获数据的情况，再进行单一方法预测是可以进一步细分为三类：第一类，当获得的国内产业数据样本量较少，并且预测精度要求不高时，可以选择移动平均法或指数平滑法。移动平均法将时间序列 N 个

观测值予以平均并依次滑动，得到时间序列的预测值。简单移动平均数法一般适用于时间序列中既无趋势也无周期变化的情况。若时间序列中出现了趋势和周期因素时，便须用加权平均数法。指数平滑法是在单一时间序列统计模型的基础上进行预测的方法。根据国内进口产业预测对象的是否存在趋势和季节性波动来选择是采用单指数平滑法、双指数平滑法还是 Holt – Winter 双参数指数平滑法。指数平滑法在实际使用过程中需要借助计量经济学软件如 Eviews 来实现。第二类，当获得的国内产业数据样本量适中，并且预测精度要求一般时，可以采用 B – J 时间序列模型法以及回归预测法进行预测。B – J 时间序列模型方法是由博克斯（Box）和詹金斯（Jenkins）创立的，它属于一类常用的随机时间序列模型，主要通过运用时间序列的过去值、当期值和之后扰动项的加权并建立相应的模型来对时间序列的变化规律作出解释和预测。该模型常用的类型有自回归滑动平均（ARMA）模型和自回归积分滑动平均（ARIMA）模型。如果国内产业的样本时间序列为平稳随机序列，则应用 ARMA 模型，如果国内产业的时间序列为非平稳序列，则通过差分等方法将其转化为单整序列，构成平稳时间序列后再运用 ARIMA 模型。两种模型在实际运用中的实现同样需要借助于计量经济学软件如 Eviews 等。另外，根据计量经济学建模的原理将国内产业各因素之间的关系构建相应的回归模型进行预测。第三类，当获得的国内产业样本量较大，并且预测精度要求较高时，可以采用人工神经网络预测法或灰色预测法。人工神经网络预测法中广泛应用的是 BP 神经网络法，它主要处理实际中因不确定性和不精确性等引起的系统难以控制的问题。BP 神经网络模型拓扑结构一般包括输入层（input）、隐层（hide layer）和输出层（output layer）。BP 算法一般包括两个过程，一是数据流的前向计算（正向传播）过程，二是误差信号的反向传播过程。使用 BP 神经网络最关键的是其构建和训练。确定了网络层数、每层节点数、传递函数、初始权系数、学习算法等也就确定了 BP 网络。采用 BP 神经网络法预测国内产业的虚拟状态，需要获得大量的样本数据对网络进行训练。灰色预测法是基于灰色理论对具有“灰”特征的预测对象系统进行预测的方法。它能够根据已有的少量信息进行计算和推测，先根据自身数据建立动态微分方程，再对发展状态进行预测。常用的灰色预测模型是 GM（1，1）模型。

②组合预测方法。由上述可知，运用单一预测方法进行国内进口竞争产业虚拟状态预测都具有一定的前提条件，并且，提供的预测信息都具有不全面的特点。因此，为了克服单一预测方法的不足，提高预测效果，可以将某两种或两种以上的单一预测方法根据确定的权重进行组合，利用优化组合预测方法对国内产业虚拟状态进行预测。

组合预测是一种信息综合的有效预测方法，它通常有两种综合类型：权重综合和区域综合，其中使用最多的是权重综合。不同的组合预测模型具有不同的预测效果，因此，为了得到最佳的预测效果需要寻求最佳的预测模型组合形式。

为了寻求最佳的组合预测形式，我们首先需要对影响国内产业发展状态的因素进行分析。可以将国内产业的发展状态表示为综合评估值，而此综合评估值是多种因素综合作用的结果，除了 WTO《反倾销协议》以及我国《反倾销条例》中规定的影响因素之外，还会受到宏观经济发展状况、货币供给及投融资状况、原燃料行情、消费者的购买能力等许多因素的影响。并且，由于各影响因素本身变化具有统计特性和发展规律性，这样受这些影响因素综合构成的国内产业综合评估值同样具有统计特点，也就是说国内产业的综合状态评估值的变化具有记忆性。其影响因素构成如图 6.4 所示。

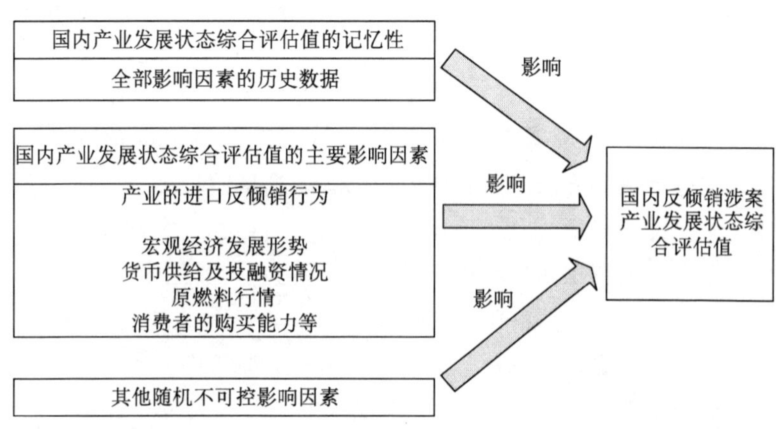


**图 6.4 国内反倾销涉案产业发展状态综合评估值的影响因素分析图**

因此，根据国内产业发展状态综合评估值影响因素具有统计规律性的特点，以及根据受倾销影响的产业发展实际状态趋势对反倾销政策实施后的虚拟状态发展趋势进行预测的目的，可以选择时间序列和回归预测两种方法组成的组合预测模型、神经网络与时间序列的组合，或者灰色预测与时间序列的组合或者指数平滑法与回归预测法的组合等对国内产业未来发展的虚拟状态进行预测。



为了检验组合预测模型的预测效果，按照预测效果评价的准则和惯例，可以采用平方和误差、平均绝对误差、均方误差、均方百分比误差、平均绝对百分比误差等准则中一项或多项进行评价。

（4）反倾销政策产业层面效果评估体系中各具体指标值的预测

反倾销政策效果评估指标体系中的各具体指标具有不同的特

点，这样，在对各具体指标值作出预测时，应根据其具体特点、指标数据的获得数量以及指标之间的钩稽关系选择不同的预测方法。

①国内涉案产业的销售价格和销售数量。反倾销政策的实施与否会对涉案产品的销售价格和数量产生直接而明显的影响，另外，涉案产品的销售价格和销售数量具有一定的时间趋势，具有记忆特性，反映出一定的统计规律性。由于它们是企业经营者最为关心的指标之一，因此其统计资料相对比较完整与准确。所以，预测涉案产业的销售价格和销售数量较适宜的方法主要包括：预测较精确的时间序列预测法、回归分析预测法，以及在样本量较少情况下，预测精度不高的移动平均法和指数平滑法。

②国内涉案产业库存。由于影响库存的因素比较多，因此，本章根据国内产业库存的实际数据和移动平均法，计算调整后的国内产业库存量。

③国内涉案产业生产同类产品的数量。由于国内产业在生产产品时不仅跟销量有关还跟库存和市场预期等因素相关（即某些年份销量大于产量，说明当年销量中含有部分上期库存），故在确定国内产业在剔除其他因素影响情况下的产量时，可以根据实际情况下的国内产业产量与销量的比值，以及国内产业在剔除其他因素影响情况下的销量和库存来确定。即 t 年国内产业生产同类产品的数量 = t 年实际产量 × t 年调整后的销量/t 年实际销量 + t 年调整后的库存 − t 年实际库存。

④国内产业的产能利用率。根据产能利用率公式以及调整后的国内产业产能、国内产业产量来计算调整后的国内产业产能利用率。

这样，首先需要获得产能的调整值。国内产业的产能不仅受到自身销售情况的影响，而且受到国内产业自身性质和资本规模的影响。另外，国内产业中各个企业经营者的决策不同也会导致产能规模扩大在数量上的不同。因此，不能简单由产量推得产能，而是根据国内产业的产能序列来确定国内产业产能的预期值。假设反倾销后某年的国内产业产能数值为 $CAP_{d(t)}$，其后续年份大于 $CAP_{d(t)}$ 的扩张产能为 $CAP_{dn(t')}$，则该年的预期国内产业产能计算公式为（其中 $Q_{d(t)}$ 为 t 年销量）：

$$CAP_{d(t)} = \begin{cases} CAP_{d(t-1)}, Q_{d(t)} \leqslant CAP_{d(t-1)} \\ CAP_{dn(t')}, Q_{d(t)} > CAP_{d(t-1)} \end{cases} \tag{6.6}$$

⑤国内涉案产业就业人数和人均工资。一般认为国内涉案产业在遭受国外产品的倾销损害而面临经营困难时会采取裁员的做法以维持经营，然而，我国的进口反倾销案件数据库的统计数据显示倾销行为对我国国内涉案产业就业人数的影响幅度不大，平均每起仅为 -2.3%。并且，企业在实际生产经营过程中就业人数和人均工资涉及的影响因素非常复杂，因此，涉案产业企业在不采取反倾销措施下的就业人数和人均工资，可以认为其没有变化，即预测值等于实际值。



⑥国内产业劳动生产率。根据劳动生产率的计算公式以及调整后的国内涉案产业产量、国内涉案产业就业人数来计算调整后的国内涉案产业劳动生产率。

⑦国内涉案产业同类产品销售收入。由调整后的国内涉案产业销量、国内涉案产业销售价格以及销售收入的计算公式得出调整后的国内涉案产业同类产品销售收入，其中销售收入 = 销售价格 × 销量。

⑧国内涉案产业税前利润。根据企业的实际经营核算可知，企业的税前利润数据是企业在一段时间内所有经营业务的综合利润，既包括所生产销售产品的利润也包括其他业务的利润，这

样，单独获得一种涉案产品的税前利润数据难度较大，同时其相应的成本费用数据更难获得，因此，可以采用国内涉案产业税前利润的实际值作为调整后的国内涉案产业税前利润。

⑨国内产业的市场份额。根据市场份额的计算公式和调整后的国内产业销量数值可以计算。

### 6.2.4　反倾销政策产业层面效果的估算

由图 6.1 可知，反倾销政策效果的计算即确定 A2 - A1 的值。A2 表示的是国内涉案产业实际发展状态的综合评估值，A1 是根据反倾销政策实施前的产业实际发展状态所预测的政策实施后假设倾销继续存在情况下产业虚拟发展状态的综合评估值。关于如何计算综合评估值、如何预测虚拟状态的综合评估值在本书的 6.2.2 和 6.2.3 部分已经进行了详细的阐释。下面举例说明反倾销政策效果的计算过程。

假设 M 产业 2002 年立案调查，2003 年作出初裁征收临时反倾销税，2004 年作出肯定性终裁，征收为期五年的反倾销税。利用 1998—2002 年的产业发展实际状态数据预测 2003—2008 年虚拟状态的发展指标数据，获得每一年度的综合评估值的预测值 $f'_{03}$、$f'_{04}$、$f'_{05}$、$f'_{06}$、$f'_{07}$、$f'_{08}$，将各预测值相加求得 M 产业在反倾销政策实施后继续存在倾销虚拟状态下的综合评估值 $S_{虚拟}$。同时，根据 M 产业反倾销政策实施后实际发展状态的指标数据计算求得 2003—2008 年每一年度的实际状态综合评估值 $f_{03}$、$f_{04}$、$f_{05}$、$f_{06}$、$f_{07}$、$f_{08}$，将其相加求得实际状态下的综合评估值 $S_{实际}$。由 $S_{实际}$、$S_{虚拟}$ 进行求差运算即可获得实施反倾销政策对 M 产业的影响效果 $S_H$。计算过程示意图如图 6.5 所示。

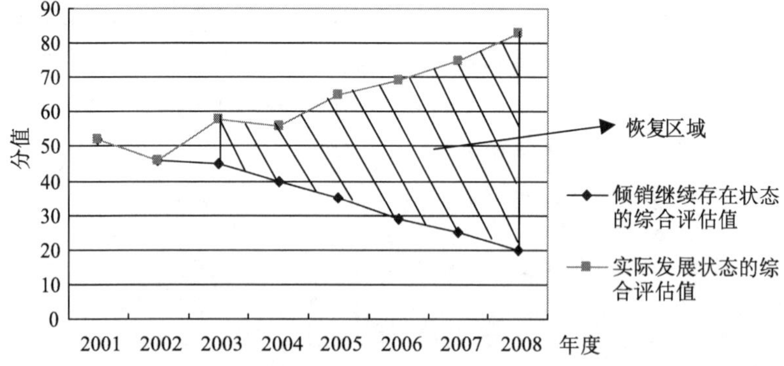


**图 6.5　反倾销政策效果计算过程示意图**

### 6.2.5　评估标准的确定

运用 ICACM 方法对反倾销政策产业层面的效果进行评估，为了能够对反倾销政策是否实现了预期目的作出判断，需要制定一套合理而科学的评估标准。这是对反倾销政策效果评估的必然要求。



（1）评估标准确定的依据

评估标准的确定直接依据于反倾销政策效果评估的目的与原则。关于反倾销政策效果评估的原则与目的在本书的第 4 章中已作出了阐释。反倾销政策效果评估属于事后评估，主要检验反倾销政策的实施是否达到了预期的目的。而反倾销政策实施的预期目的是制止国外产品的倾销行为，弥补倾销对国内产业造成的损害，实现国内产业的恢复与发展。反倾销政策效果评估遵循的原则主要包括“公平贸易”“损害补偿”“产业发展”三项原则。产业的恢复与发展实际上是融合在一起的，产业的恢复本身就是一种发展。只要产业所遭受的损害得以弥补，那么就说明反倾销政策的实施发挥了作用，国内产业得到了恢复发展。因此，本章将倾销造成的产业损害幅度作为反倾销政策产业层面效果评估的标准。这样，我们需要将倾销造成的产业损害予以量化得到产业损害值 $S_I$，该值即为反倾销政策效果评估的最基本标准。经过计算我们获得在反倾销政策的作用下国内产业量化的恢复发展值 $S_H$。只要 $S_H \geqslant S_I$ 成立，则可认定反倾销政策产生了应有的效果。

（2）基于COMPAS模型的评估标准确定

根据上述分析，评估标准的确定转化为产业损害幅度的确定，而产业损害幅度的确定是反倾销调查裁决的必要环节。确定产业损害的方法可以分为经济学方法和非经济学方法（Oykes，1996）[119]。根据产业损害测度依据的不同，非经济学方法又可划分为指标体系法和计量分析法（Kelly，2006）[117]。目前，国内确定反倾销产业损害的研究重点是指标体系法，许多学者如何海燕[118][120]等对该方法的研究作出了突出贡献。计量经济学方法最早是由Grossman（1986）[129]提出的。而产业损害确定的经济学方法是依据微观经济学中的供需理论，利用供需价格弹性，对进口产品的价格变化如何影响进口国内相关产业的产出、价格以及收益等指标作出综合评估（向洪金、柯孔林、冯宗宪，2009）[127]。国内关于该方法的研究较少，栾信杰（2007）[126]，向洪金、柯孔林、冯宗宪（2009）[127]对该方法进行了有益的探索。产业损害确定的经济学方法具有科学的理论依据，计算结果比较可靠和科学。国外在反倾销调查实践中应用较广泛的是COMPAS模型，其全称为“商业贸易政策分析系统”（Commercial Policy Analysis System），最早是由Francois和Hall（1997）[150]提出的。COMPAS模型属于局部均衡模型，主要通过考察某个产品市场的均衡来分析贸易政策的变化如何影响进（出）口国的相关产业。

COMPAS 模型所依据的理论基础主要包括：第一，来源于不同产地（不同国家或地区）的产品具有不完全替代关系，这样，进口产品和本国生产产品具有不完全替代性，即著名的 Armington 替代弹性假设（Armington，1969）[151][152]；第二，微观经济学中的需求与价格理论。其基本理论框架分析如下：

设某国的消费者同时消费进口产品 M 和本国生产的产品 D，不同来源的产品之间为不完全替代关系。根据 Armington 假设，不同国家的产品之间替代率固定不变，所以，消费者的效用用 CES 函数来表示，其形式如下：

$$C = [\delta m^{-\rho} + (1-\delta) d^{-\rho}]^{-\frac{1}{\rho}} \tag{6.7}$$

其中，$C$ 为消费者的总效用，$\delta$ 和 $\rho$ 是固定参数，$m$ 为消费的进口产品数量，$d$ 为消费的本国生产的产品数量。

根据消费者效用最大化的一阶条件，可得消费者对本国产品的需求函数：

$$d = (1-\delta)^{-\sigma} C [(1-\delta)^{\sigma} + \delta^{\sigma} (\frac{p_M}{p_D})^{\sigma-1}]^{\frac{\sigma}{\sigma-1}} \tag{6.8}$$

其中，$p_M$ 和 $p_D$ 分别表示进口产品和本国产品的市场价格，由（6.8）式可知，消费者对本国产品的需求是由 $p_M$ 和 $p_D$ 共同决定的。

可计算局部均衡模型中进口产品和本国产品的替代弹性是指由 Varian（1992）最先定义的弹性概念，即：

$$\sigma = \frac{d\ln(M/D)}{d\ln(p_M/p_D)} = \frac{1}{1+\rho} \tag{6.9}$$

该模型假设本国产品的供给函数仅由本国产品的价格 $p_D$ 决定，即 $s = s(p_D)$。则根据本国产品市场均衡的条件可知：

$$d = s \tag{6.10}$$

将（6.10）式进行导数求解，并整理得：

$$\frac{dp_D}{dp_M}=\frac{\partial d/\partial p_M}{\partial s/\partial p_D-\partial d/\partial p_D} \tag{6.11}$$

通过6.11式，可以获知当进口产品价格 $p_M$ 发生变动时，国内产品价格 $p_D$ 的变动方向及其程度。综合6.8式和6.11式可以进一步获得进口产品价格 $p_M$ 的变动对本国产品需求 $d$ 的影响：

$$\frac{\partial d}{\partial p_M}=\frac{d}{p}(\sigma-\varepsilon_C)\delta^{\sigma}\left(\frac{p}{p_M}\right)^{\sigma} \tag{6.12}$$

其中，$p=p_M\sigma^{-1}m^{\frac{1}{\sigma}}C^{-\frac{1}{\sigma}}$表示国内市场上各种来源产品的平均价格，$\varepsilon_C$ 为进口国市场总需求弹性。

基于该模型的基本理论框架，做进一步的扩展，即可求得倾销对国内产业发展指标的影响幅度。

①倾销对进口国国内产品价格的影响。由于倾销产品与国内产品为竞争性替代品，因此倾销产品价格降低一般将引起国内产品销售价格的降低。假设不存在倾销时国内产品的价格为 $p_t$，存在倾销时国内产品的价格为 $p_m$，则倾销对国内产品价格的影响为：

$$d\ln P_d=\frac{d\ln P_d}{d\ln P_m}d\ln P_m=\left(\frac{\varepsilon_{dm}}{\varphi_d-\varepsilon_d}\right)\left(\frac{p_m-p_t}{p_t}\right) \tag{6.13}$$

其中，$\varepsilon_{dm}$表示本国产品相对进口产品的交叉价格弹性，$\varphi_d$ 表示本国产品的供给弹性，$\varepsilon_d$ 表示本国产品需求的价格弹性，$(p_m-p_t)/p_t$ 为倾销产品的倾销幅度。

②倾销对进口国国内产品销售数量的影响。一般来说，在消费总需求不变的情况下，倾销进口产品销售价格越低、销售数量越多，则国内产品销售数量就越少。倾销对国内产品销售数量的影响为：

$$d\ln s=\left(\frac{\varepsilon_{dm}\varphi_d}{\varphi_d-\varepsilon_d}\right)\left(\frac{p_m-p_t}{p_t}\right)=\varphi_d d\ln p_d \tag{6.14}$$

③倾销对进口国国内产品销售收入的影响。进口国国内产品销售收入的影响取决于销售收入数量和产品价格的变动，所以，倾销对进口国国内产品销售收入的影响为：

$$d\ln R = d\ln d + d\ln s = (1 + \varphi_d) d\ln p_d \tag{6.15}$$

④倾销对进口国国内产业利润水平的影响。倾销对利润水平的影响主要取决于销售收入和成本费用两个因素，而成本费用资料获得难度较大，不妨假设利润水平的变动仅取决于销售收入的变动。即变化幅度为：$(1 + \varphi_d) d\ln d$。

⑤倾销对国内产业发展状态的其他指标的影响。

A. 市场份额由调整后的销量除以表观消费量来求得。

B. 国内产业的产能在短时间内一般不会变化，因此可看作不变。

C. 就业人数和人均工资涉及的影响因素较多，可以忽略倾销对它们的影响。

D. 产量的变化幅度可以近似的等同于销售量的变化幅度。

E. 产能利用率由调整后的产量除以产能求得，其变化幅度等同于销售量的变化幅度。

F. 劳动生产率由调整后的产量除以就业人数求得，其变化幅度同样等同于销售量的变化幅度。

G. 库存的变化幅度主要取决于产量与销量之差。

在计算倾销对国内产品价格、销售量、销售收入、利润水平的影响时，需要首先获得倾销产品的倾销边际、国内产品与国外产品价格的交叉弹性、国内市场的供给弹性、国内产品的需求价格弹性，其次通过 Excel Solver 软件进行运算获得倾销存在状况下国内产品价格、销售量、销售收入、利润水平的变化幅度。在此基础上，按照⑤中的规则调整其他指标数值，获得其他指标的变化幅度。最后，根据倾销对国内产业各指标的影响幅度计算出假设不存在倾销状态下的产业综合评估值 $S'_{虚拟}$，同时，将国内产业存在倾销时实际发展状态下的产业综合评估值 $S'_{实际}$，然后，将 $S'_{虚拟}$ 与 $S'_{实际}$ 求差即可获得倾销对国内产业的损害幅度 $S_I$。

获得产业损害幅度 $S_I$ 的值后，将其与产业在反倾销政策实施后的恢复发展程度 $S_H$ 进行比较即可对反倾销政策的效果做出判断。

综上所述，反倾销政策产业层面效果评估的 ICACM 方法的综合步骤如表 6.2 所示：

**表 6.2　　ICACM 评估方法的综合步骤表**

| 计算步骤 | 所需参数 | 计算方法 | 计算结果 |
|---|---|---|---|
| 第一步 | 确定指标体系各指标权重 | 组合赋权法 | 各指标权重 |
| 第二步 | 国内产业实际发展状态和虚拟发展状态综合评估值的计算 | 综合评估方法 | $f_1$、$f_2$、$f_3$ 以及 S 等 |
| 第三步 | 趋向线的确定 | 时间序列等预测方法 | 各指标的预测值 |
| 第四步 | 政策效果的计算 | 求差比较 | $S_H$ |
| 第五步 | 产业损害幅度的确定 | COMPAS 模型及求差比较 | $S_I$ |
| 第六步 | 政策效果的判断 | $S_H$ 与 $S_I$ 的大小比较 | |

## 6.3　ICACM 评估方法的实证研究

基于一项反倾销政策仅适用于一种产品的特点，评估反倾销政策产业层面的实施效果需要获取具体产品的行业数据。然而，目前国家统计部门所公布的数据主要是行业的综合性数据，很难满足反倾销政策产业层面效果评估的数据要求。因此，本研究通过调研获取了需要日落复审的某化工产品 L① 的产业数据，运用 ICACM 方法对该产品产业的反倾销政策实施效果进行评估。

### 6.3.1 反倾销政策产业层面效果评估指标体系权重的确定

对化工产品 L 的反倾销政策产业层面效果的评估采用第 4 章构建的图 4.1 所示的评估指标体系。对于指标权重的确定分别采用层次分析法和因子分析法，然后将这两种方法下的权重进行组合从而确定的产业层面效果评估的指标体系权重。

(1) 层次分析法确定的指标权重

为了获得产品 L 的反倾销政策效果评估指标体系的权重，向有关行业协会、企业代表、调查官员、专家学者等 15 位专家发放了调查问卷，并提供了相应的背景信息，以便于其做出清晰而科学的判断。问卷回收率为 95%。通过问卷调查，获得了被调研者对于该评估指标体系的判断矩阵。在此基础上，运用层次分析法分析软件，对各指标的权重进行了计算。指标体系权重调查问卷见附录 C。根据层次分析法获得的指标权重如表 6.3 所示：



**表 6.3 层次分析法确定的评估指标权重**

| 指标名称 | 权重 |
|---|---|
| 价格（k1） | 0.1290 |
| 产量（k2） | 0.0948 |
| 销量（k3） | 0.1005 |
| 库存（k4） | 0.0370 |

① 由于保密的需要，该化工产品产业名称用 L 表示。

续表

| 指标名称 | 权重 |
|---|---|
| 市场份额（k5） | 0.0783 |
| 销售收入（k6） | 0.1150 |
| 税前利润（k7） | 0.1404 |
| 产能利用率（k8） | 0.0427 |
| 人均工资（k9） | 0.0591 |
| 劳动生产率（k10） | 0.0425 |
| 就业人数（k11） | 0.1607 |

（2）因子分析法确定的指标权重

因子分析法是客观赋权法的一种，根据各公因子的方差贡献率以及累积方差贡献率获得公因子的权重。由于各公因子基本上解释了指标体系信息的大部分，然后根据各因子在各指标变量上的不同的得分系数通过综合得分计算公式获得各指标变量对评估指标体系整体的影响程度，从而确定各指标变量的权重系数。

本书通过中国贸易救济信息网（http：//www. cacs. gov. cn/）发布的 1997—2008 年我国发起调查的反倾销案件终裁公告收集了反倾销调查产业相关的经济指标数据，这些数据为反倾销调查期最后一年各指标与上年同期相比的变化幅度，其中无法获得的数据用 NA 代表。由于许多经济指标出现了下降趋势，因此，一些数据为负数。这样，为了数据分析的需要，我们通过下列公式对各指标数据进行了标准化到 0 与 1 范围内的处理。

$$y_i = \frac{x_i - \min x_i}{\max x_i - \min x_i} \tag{6.16}$$

标准化处理后的数据如表 6.4 所示。

然后利用 Spss14. 0 软件对 1997—2008 年我国发起调查的 35 起反倾销案件涉案产品的经济指标标准化处理数据（如表 6.4

所示）进行了因子分析。

表 6.4　1997—2008 年我国发起调查的反倾销案件经济指标数据的标准化处理

| | 价格 | 产量 | 销量 | 库存 | 市场份额 | 销售收入 | 税前利润 | 产能利用率 | 人均工资 | 劳动生产率 | 就业人数 |
|---|---|---|---|---|---|---|---|---|---|---|---|
| 乙醇胺 | 0.49 | 0 | 0.27 | 0.08 | 0.81 | 0.6 | 0.98 | 0.1 | 0.1 | 0 | NA |
| TDI | 0.21 | 0.8 | 0.27 | 1.15 | 0.79 | 0.31 | 0.98 | 1 | 0.38 | 0.82 | 0.35 |
| 苯酚 | 0.15 | 0.42 | 0.11 | 0 | 0.27 | 0 | 0.98 | 0.49 | 0.32 | 0.62 | 0.3 |
| 聚氯乙烯 | 0.24 | 0.54 | 0.19 | 0.18 | 0.71 | 0.2 | 0.98 | 0.68 | 0.56 | 0.67 | 0.35 |
| 三氯甲烷 | 0.24 | 0.56 | 0.23 | 0.02 | 1 | 0.27 | 0.98 | 0.79 | 0.46 | 0.62 | 0.38 |
| 呋喃酚 | 0.55 | 0.31 | 0.31 | 0.01 | 0.78 | 0.75 | 0.98 | 0.86 | 0.83 | 0.5 | 0.22 |
| 核苷酸 | 1 | 0.47 | 0.34 | 0.18 | 0.54 | 0.35 | 0.98 | 0.79 | 0.16 | 0.52 | 0.36 |
| 光纤 | 0 | 1 | 1 | 0.07 | 0.8 | 0.98 | 0.98 | 0.76 | 0.21 | 1 | NA |
| 冷轧板卷 | 0.39 | 0.44 | 0.15 | 0.26 | 0.85 | 0.25 | 0.98 | 0.59 | 0.72 | 0.58 | NA |
| 铜版纸 | 0.34 | 0.44 | 0.22 | 0.16 | 0.77 | 0.36 | 0.98 | 0.46 | 0.52 | 0.44 | 1 |
| 壬基酚 | NA | 0.4 | 0.02 | 0.08 | 0.82 | 0.35 | 0.96 | 0.24 | 0.38 | 0.14 | 0.43 |
| 氨纶 | 0.52 | 0.7 | 0.01 | 0.72 | 0.68 | 0.4 | 0.98 | 0.48 | 0.34 | 0.29 | NA |
| 涤纶短纤维 | 0.43 | 0.37 | 0.12 | 0.32 | 0.5 | 0.22 | 0.95 | 0.56 | 0.51 | 0.48 | 0.27 |
| 电解电容器纸 | 0.5 | 0.39 | 0.1 | 0.35 | 0.38 | 0.28 | 0.98 | 0.6 | 0.45 | 0.64 | 0.34 |
| 不锈钢冷轧薄板 | 0.33 | 0.24 | 0 | NA | 0.59 | NA | 0.96 | 0.04 | 0.4 | NA | 0.32 |
| 耐磨纸 | 0.35 | 0.23 | 0.01 | 0.43 | 0.34 | 0.11 | 0.97 | 0.52 | 0 | 0.78 | 0 |
| 非色散位移单模光纤 | 0 | 1 | 1 | 0.07 | 0.8 | 0.74 | 0.96 | 0 | 0.27 | 1 | 0.43 |
| 马铃薯淀粉 | 0.62 | 0.34 | 0.02 | 0.34 | 0 | 0.14 | 0.98 | 0.22 | 0.25 | 0.28 | 0.61 |
| 环氧氯丙烷 | 0.63 | 0.42 | 0.26 | 0.35 | 0.63 | 0.52 | 0.98 | 0.65 | 0.6 | 0.47 | 0.36 |
| 水合肼 | 0.54 | 0.82 | 0.44 | 0.15 | 0.9 | 1 | 0.97 | 0.84 | 0.54 | 0.78 | 0.4 |
| PBT 树脂 | NA | 0.18 | 0.13 | 0.32 | 0.54 | 0.4 | 0.97 | 0.41 | 0.47 | 0.5 | 0.49 |
| 辛醇 | 0.77 | 0.43 | 0.13 | 0.32 | 0.85 | 0.5 | 1 | 0.68 | 0.64 | 0.55 | 0.38 |

续表

| | 价格 | 产量 | 销量 | 库存 | 市场份额 | 销售收入 | 税前利润 | 产能利用率 | 人均工资 | 劳动生产率 | 就业人数 |
|---|---|---|---|---|---|---|---|---|---|---|---|
| 初级形态二甲基环体硅氧烷（2004） | 0.44 | 0.28 | 0.08 | 0.4 | 0.69 | 0.29 | 0.94 | 0.51 | 0.87 | 0 | 0.34 |
| 三氯乙烯 | NA | 0.47 | 0.16 | 0.38 | 0.5 | 0.42 | 0.98 | 0.46 | 0.86 | 0.59 | 0.3 |
| 氯丁橡胶 | 0.49 | 0.38 | 0.13 | 0.08 | 0.68 | 0.27 | 0.96 | 0.57 | 0.38 | 0.34 | 0.45 |
| TDI | 0.21 | 0.8 | 0.27 | 1 | 0.79 | 0.36 | 0 | 1 | 0.38 | 0.82 | 0.41 |
| 丁苯橡胶 | 0.43 | 0.49 | 0.18 | 0.08 | 0.65 | 0.45 | 0.89 | 0.81 | 0.43 | 0.67 | 0.35 |
| 己内酰胺 | 0.48 | 0.35 | 0.17 | 0.17 | 0.64 | 0.07 | 0.97 | 0.3 | 0.46 | 0.49 | 0.28 |
| 丙烯酸酯 | 0.53 | 0.64 | 0.25 | 0.29 | 0.74 | 0.58 | 0.98 | NA | 0.67 | 0.68 | 0.33 |
| 聚酯切片 | 0.32 | 0.48 | 0.13 | 0.29 | 0.56 | 0.15 | 0.94 | 0.64 | 0.45 | 0.5 | 0.34 |
| 初级形态二甲基环体硅氧烷（2008） | 0.41 | 0.61 | 0.23 | 0.24 | 0.77 | 0.44 | 0.97 | 0.54 | 0.72 | 0.56 | 0.46 |
| 1，4－丁二醇 | 0.36 | 0.33 | 0.1 | 0.32 | 0.35 | 0.14 | 0.95 | 0.52 | 1 | 0.26 | 0.49 |
| 己二酸 | 0.22 | 0.38 | 0.11 | 0.86 | 0.73 | 0.04 | 0.96 | 0.58 | 0.51 | 0.42 | 0.36 |
| 聚酰胺－6，6 切片 | 0.52 | 0.27 | 0.18 | 0.1 | 0.73 | 0.42 | NA | 0.54 | 0.86 | 0.29 | 0.37 |
| 碳钢紧固件 | 0.78 | 0.44 | 0.17 | 0.22 | NA | 0.65 | 0.96 | 0.58 | 0.77 | 0.29 | 0.36 |

注：上述数据为反倾销调查期最后一年各指标与上年同期相比的变化幅度经标准化处理后的数据。NA 代表无法获得的数据。

数据来源：中国贸易救济案件数据库，http：//www.cacs.gov.cn/DefaultWebApp/chaxun.jsp。

首先，对指标体系采用因子分析法的可行性进行分析。利用 Spss14.0 软件对表 6.4 中数据进行相关性检验，其检验结果如表

6.5 所示。

**表 6.5　　KMO and Bartlett's Test**

| Kaiser – Meyer – Olkin Measure of Sampling Adequacy. | | .624 |
|---|---|---|
| Bartlett's Test of Sphericity | Approx. Chi – Square | 105.257 |
| | df | 55 |
| | Sig. | .000 |

表 6.5 表明，KMO 统计量为 0.624，在 0.5—1 之间，卡方统计量为 105.257，Bartlett 球形检验的 P 值为 0.000。这说明对该指标体系可以进行因子分析。

其次，采用因子分析法对指标体系变量进行分析，其分析结果中的方差贡献率、因子得分系数矩阵分别如表 6.6、表 6.7 所示。

**表 6.6　　各指标变量的特征根与方差贡献率**

| Component | Initial Eigenvalues | | | Extraction Sums of Squared Loadings | | | Rotation Sums of Squared Loadings | | |
|---|---|---|---|---|---|---|---|---|---|
| | Total | % of Variance | Cumulative % | Total | % of Variance | Cumulative % | Total | % of Variance | Cumulative % |
| 1 | 3.341 | 30.375 | 30.375 | 3.341 | 30.375 | 30.375 | 2.869 | 26.085 | 26.085 |
| 2 | 1.921 | 17.468 | 47.843 | 1.921 | 17.468 | 47.843 | 1.945 | 17.678 | 43.764 |
| 3 | 1.525 | 13.859 | 61.702 | 1.525 | 13.859 | 61.702 | 1.911 | 17.371 | 61.134 |
| 4 | 1.135 | 10.317 | 72.020 | 1.135 | 10.317 | 72.020 | 1.197 | 10.886 | 72.020 |
| 5 | .803 | 7.304 | 79.324 | | | | | | |
| 6 | .698 | 6.342 | 85.665 | | | | | | |
| 7 | .539 | 4.897 | 90.562 | | | | | | |
| 8 | .493 | 4.480 | 95.043 | | | | | | |
| 9 | .224 | 2.039 | 97.082 | | | | | | |
| 10 | .187 | 1.696 | 98.778 | | | | | | |
| 11 | .134 | 1.222 | 100.000 | | | | | | |

Extraction Method: Principal Component Analysis.

表 6.6 为利用主成分分析法所提取公因子的方差贡献率，每个公共因子的方差贡献率反映的是对原始数据的解释能力。一般应选取其特征根大于 1 的为公因子，因此提取了 4 个公因子，这 4 个因子可以解释原始变量 72.020% 的方差，已经包含了指标体系中的大部分信息。另外，为了强调公因子的意义，对公共因子作正交化旋转，旋转后的公因子方差贡献率发生变化，但并不改变所提取的 4 个公因子的总体方差贡献率。

**表 6.7　　　　因子得分系数矩阵**

| | Component | | | |
|---|---|---|---|---|
| | 4 | 1 | 2 | 3 |
| 价格（k1） | .043 | -.086 | .392 | -.227 |
| 产量（k2） | .203 | .131 | -.136 | .043 |
| 销量（k3） | .252 | -.141 | -.180 | .032 |
| 库存（k4） | -.119 | .437 | -.011 | .032 |
| 市场份额（k5） | .292 | .064 | .204 | .132 |
| 销售收入（k6） | .342 | -.161 | .137 | -.043 |
| 税前利润（k7） | .024 | -.405 | .018 | -.157 |
| 产能利用率（k8） | .152 | .295 | .253 | -.308 |
| 人均工资（k9） | .142 | .111 | .433 | .112 |
| 劳动生产率（k10） | .107 | .050 | -.255 | -.258 |
| 就业人数（k11） | .050 | .084 | .013 | .763 |

Extraction Method：Principal Component Analysis.

Rotation Method：Varimax with Kaiser Normalization.　Component Scores.

表 6.7 因子得分系数矩阵给出的是各因子在不同变量上的得分系数。由此可以将各因子得分表示如下：

$$F1 = 0.043k1 + 0.203k2 + \cdots + 0.050k11$$

$$F2 = -0.86k1 + 0.131k2 + \cdots + 0.084k11$$

$F3 = 0.392k1 - 0.136k2 + \cdots + 0.013k11$

$F4 = -0.227k1 + 0.043k2 + \cdots + 0.763k11$

其中，$k_i$ 为个原始变量的标准化值。因子分析法的一个重要特点是可以把多个变量采用一定的权重综合成一个值，利用表 6. 6 给出的每个因子的方差贡献率计算每个因子的权重，计算公式为：因子权重 = 因子的方差贡献率/所有因子的累积方差贡献率

所计算的因子权重如表 6. 8 所示。

**表 6. 8　　　　各因子的权重系数表**

| 因子 | F1 | F2 | F3 | F4 |
|---|---|---|---|---|
| 权重 | 0. 421758 | 0. 242544 | 0. 192433 | 0. 143252 |

利用表 6. 8 中各因子的权重可以将每个样本各指标变量的综合值表示如下：

$$
\begin{aligned}
k &= 0.421758F1 + 0.242544F2 + 0.192433F3 + 0.143252F4 \\
&= 0.421758 \times (0.043k1 + 0.203k2 + \cdots + 0.050k11) + \\
&\quad 0.242544 \times (-0.86k1 + 0.131k2 + \cdots + 0.084k11) + \cdots + \\
&\quad 0.1088 \times (-0.227k1 + 0.043k2 + \cdots + 0.763k11) \\
&= (0.421758 \times 0.043 - 0.242544 \times 0.86 + \cdots - 0.143252 \times 0.050) \\
&\quad k1 + (0.421758 \times 0.203 + 0.242544 \times 0.131 + \cdots + 0.143252 \times 0.084) \\
&\quad k2 + \cdots + (-0.421758 \times 0.227 + 0.242544 \times 0.043 + \cdots + \\
&\quad 0.143252 \times 0.763)k11
\end{aligned}
$$



通过上式，我们发现因子分析实际上赋予了每个变量不同的权重，因此，通过因子分析法可以获得各指标的权重分布，如表 6. 9 所示。这种方法是通过每个变量对反倾销政策效果评估总体方差贡献率的大小来设定权重。

表 6.9　　反倾销政策产业层面效果评估指标权重

| 指标名称 | 权重 |
|---|---|
| 价格（k1） | 0.0402 |
| 产量（k2） | 0.0974 |
| 销量（k3） | 0.0421 |
| 库存（k4） | 0.0583 |
| 市场份额（k5） | 0.1968 |
| 销售收入（k6） | 0.1254 |
| 税前利润（k7） | -0.1071 |
| 产能利用率（k8） | 0.1402 |
| 人均工资（k9） | 0.1862 |
| 劳动生产率（k10） | -0.0288 |
| 就业人数（k11） | 0.1533 |

（3）两种方法的线性组合赋权

根据公式（6.3），为了克服主观赋权法和客观赋权法的缺点，将上述两种方法计算的各指标权重进行了线性组合。由于据因子分析法获得的销售价格、销售量、税前利润的权重相对较低，与反倾销政策对该类指标的实际影响程度不符，因此，在指标权重的确定方面更偏重于主观赋权法，这样，$\alpha$ 取值为 0.8。计算的各指标组合权重如表 6.10 所示。本书在后续的反倾销政策产业层面效果评估中采用该指标体系权重。

表 6.10　　评估指标的组合权重

| 指标名称 | 组合权重 |
|---|---|
| 价格（k1） | 0.12 |
| 产量（k2） | 0.1 |
| 销量（k3） | 0.09 |

续表

| 指标名称 | 组合权重 |
|---|---|
| 库存（k4） | 0.04 |
| 市场份额（k5） | 0.09 |
| 销售收入（k6） | 0.12 |
| 税前利润（k7） | 0.12 |
| 产能利用率（k8） | 0.05 |
| 人均工资（k9） | 0.07 |
| 劳动生产率（k10） | 0.04 |
| 就业人数（k11） | 0.16 |

### 6.3.2 L 产业反倾销政策效果评估趋向线的确定及政策效果的计算

（1）趋向线的确定

确定 L 产业反倾销政策产业层面效果评估的趋向线即为计算各评估指标假设不存在反倾销政策虚拟状态下的预测值。根据前文所述各指标趋向线的确定方法，对各指标值逐一进行预测。



①L 产业虚拟状态下销售价格和销售数量预测。国家反倾销调查机关对 L 产品在 2003 年进行了反倾销立案，2004 年做出初裁开始征收临时反倾销税，反倾销政策的效果开始显现，2005 年作出终裁征收为期五年的反倾销税。由于 2004 年开始征收临时反倾销税，因此，对假设倾销继续存在时产业虚拟状态价格与销售数量的预测要依据立案前的数据，就 L 产业而言，预测的基期样本是 2000—2003 年的销售价格与销售数量季度数据。另外，由于 2009 年爆发了全球性的金融危机，L 产业遭受了重大的冲击，因此，评估反倾销政策效果时将其排除在外，仅对 2004—2008 年 5 年的产业发展状况进行预测。

第一，销售价格和销售数量时间序列的平稳性检验。对销售价格（JG）和销售数量（XSL）时间序列进行单位根（ADF）检验（含常数项和时间趋势），其各自的检验结果如表 6.11、表 6.12 所示：

**表 6.11　　销售价格（JG）ADF 检验结果**

| | | t – Statistic | Prob. * |
|---|---|---|---|
| Augmented Dickey – Fuller test statistic | | –1.625434 | 0.7327 |
| Test critical values: | 1% level | –4.728363 | |
| | 5% level | –3.759743 | |
| | 10% level | –3.324976 | |

**表 6.12　　销售数量（XSL）ADF 检验结果**

| | | t – Statistic | Prob. * |
|---|---|---|---|
| Augmented Dickey – Fuller test statistic | | –3.804103 | 0.0466 |
| Test critical values: | 1% level | –4.728363 | |
| | 5% level | –3.759743 | |
| | 10% level | –3.324976 | |

由表 6.11 可知，销售价格时间序列的 ADF 值为 –1.625434，大于 0.01—0.1 各显著性水平下的 t 值，因此，销售价格序列是非平稳的。非平稳时间序列的数字特征是随着时间的位移而发生变动的，在各个时间点上具有不同的随机规律，难以通过序列已知的信息推断序列整体的随机规律。

由表 6.12 可知，销售数量时间序列的 ADF 值为 –3.804103，小于 0.01 显著性水平下的 t 值，说明销售数量序列是平稳的，可以通过时间序列预测法对序列的整体规律进行推断。

第二，模型构建。对于销售价格序列，结合 ADF 检验结果以及价格的趋势图（如图6.6所示），采用二项式增长曲线来描述JG随时间变化的规律性，同时，考虑到价格是具有惯性的，上一期的价格会对当期的价格预期产生影响，因此，在模型中考虑加入JG滞后一期值作为解释变量。通过Eviews6.0软件采用最小二乘法对价格时间序列进行回归，回归结果如表6.13所示。

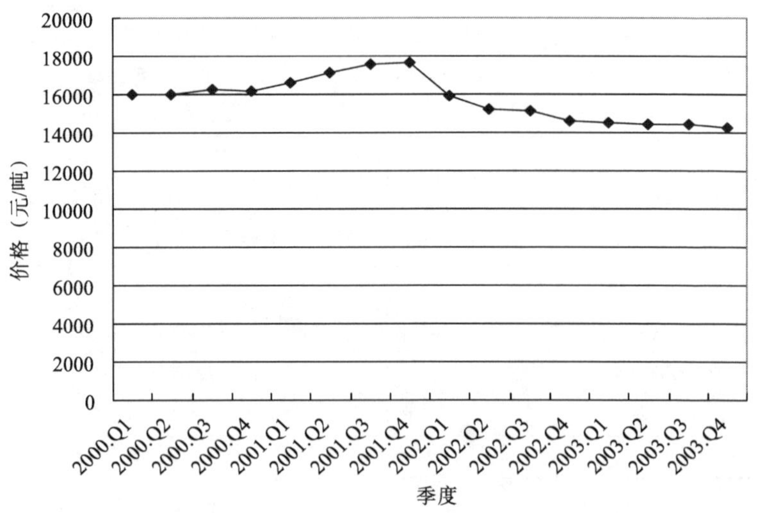


**图6.6 销售价格（JG）2000—2003年各季度的变化趋势图**

**表6.13 销售价格（JG）二项式模型回归结果**

| 解释变量 | 被解释变量JG | | | |
|---|---|---|---|---|
| | 相关系数t | 标准误差 | t统计量 | 概率 |
| JG（-1） | 0.714824 | 0.244946 | 2.918289 | 0.0140 |
| T | -68.32923 | 193.1764 | -0.353714 | 0.7302 |
| $T^2$ | -0.720042 | 11.98122 | -0.060098 | 0.9532 |
| C | 5090.854 | 3774.298 | 1.348821 | 0.2045 |

续表

| 解释变量 | 被解释变量 JG | | | |
|---|---|---|---|---|
| | 相关系数 t | 标准误差 | t 统计量 | 概率 |
| 判定系数 | 0. 825981 | 被解释变量的均值 | | 15728. 95 |
| 调整后的判定系数 | 0. 778521 | 被解释变量的标准差 | | 1179. 363 |
| 回归标准误差 | 555. 0269 | AIC 准则 | | 15. 69909 |
| 残差平方和 | 3388603 | Sc 准则 | | 15. 88790 |
| 对数似然估计值 | -113. 7432 | Hannan - Quinn criter. | | 15. 69708 |
| F 统计量 | 17. 40379 | DW 统计量 | | 1. 365546 |
| F 统计量的概率 | 0. 000173 | | | |

由表 6. 13 的结果知，$T^2$ 的相关系数不具有显著性，因此，将其剔除后重新进行回归估计，结果如表 6. 14 所示。

**表 6. 14　　销售价格（JG）线性模型回归结果**

| 解释变量 | 被解释变量 JG | | | |
|---|---|---|---|---|
| | 相关系数 t | 标准误差 | t 统计量 | 概率 |
| JG（-1） | 0. 725021 | 0. 169173 | 4. 285676 | 0. 0011 |
| T | -79. 63580 | 41. 97678 | -1. 897140 | 0. 0821 |
| C | 4959. 304 | 2944. 302 | 1. 684373 | 0. 1179 |
| 判定系数 $R^2$ | 0. 825924 | 被解释变量的均值 | | 15728. 95 |
| 调整后的判定系数 | 0. 796911 | 被解释变量的标准差 | | 1179. 363 |
| 回归标准误差 | 531. 4850 | AIC 准则 | | 15. 56608 |
| 残差平方和 | 3389716 | Sc 准则 | | 15. 70769 |
| 对数似然估计值 | -113. 7456 | Hannan - Quinn criter. | | 15. 56458 |
| F 统计量 | 28. 46761 | DW 统计量 | | 1. 376825 |
| F 统计量的概率 | 0. 000028 | | | |

由表 6. 14 的回归结果可得销售价格（JG）的回归方程表达式：

$$\hat{JG}_t = 0.725021 JG_{t-1} - 79.6358 T + 4959.304 \tag{6.17}$$

$t = (4.285676^{**})(-1.89714^{***})(1.684373^{***})$

$R^2 = 0.825924 \quad F = 28.46761 \quad DW = 1.376825$

说明：** 表示 $t$ 统计量在 0.05 水平上显著，*** 表示 $t$ 统计量在 0.1 水平上显著。

$$Durbin - h = \left(1 - \frac{DW}{2}\right)\sqrt{\frac{n}{1 - nVar(\hat{b})}} = 1.692798 \tag{6.18}$$

其中，$\hat{b}$ 是 $JG_{t-1}$ 的系数估计值，$n$ 是样本容量，$Var(\hat{b})$ 是 $\hat{b}$ 的方差。

尽管模型中含有滞后因变量，但是在 0.05 的显著性水平下，Durbin - h = 1.692798 < $h_{\alpha/2}$ = 1.96，说明该自回归模型不存在一阶自相关[153]。$F$ 值为 28.46761，$R^2$ 为 0.825924，说明该时间序列模型显著且拟合度较好，能对 JG 与历史数据和时间阶段的关系做出较好的描述。

对于销售数量时间序列，由其 ADF 检验的结果可知，该序列属于平稳性时间序列，采用最小二乘法通过 Eviews6.0 软件进行估计，回归结果如表 6.15 所示。

**表 6.15　销售数量（XSL）线性模型回归结果**

| 解释变量 | 被解释变量 XSL | | | |
|---|---|---|---|---|
| | 相关系数 t | 标准误差 | t 统计量 | 概率 |
| T | 82.04874 | 21.00857 | 3.905489 | 0.0016 |
| C | 3100.743 | 203.1432 | 15.26383 | 0.0000 |
| 判定系数 $R^2$ | 0.805877 | 被解释变量的均值 | | 3798.157 |
| 调整后的判定系数 | 0.773524 | 被解释变量的标准差 | | 540.9714 |
| 回归标准误差 | 387.3788 | AIC 准则 | | 14.87315 |

续表

| 解释变量 | 被解释变量 XSL | | | |
|---|---|---|---|---|
| | 相关系数 t | 标准误差 | t 统计量 | 概率 |
| 残差平方和 | 2100873 | Sc 准则 | | 14.96973 |
| 对数似然估计值 | -116.9852 | Hannan - Quinn criter. | | 14.87810 |
| F 统计量 | 15.25285 | DW 统计量 | | 2.119638 |
| F 统计量的概率 | 0.001585 | | | |

由表 6.15 的回归结果可得销售数量（XSL）的方程表达式：

$$\hat{XSL}_t = 82.04874T + 3100.743 \qquad (6.19)$$

$$t = (3.905489^{*})(15.26383^{*})$$

$$R^2 = 0.805877 \quad F = 15.25285 \quad DW = 2.119638$$

说明：* 表示 $t$ 统计量在 0.01 水平上显著。

$DW$ 值为 2.119638，说明 XSL 时间序列不存在一阶自相关。在 0.01 显著性水平下，XSL 的预测模型中各回归系数的参数 t 值均通过检验，$F$ 统计量为 15.25285，在 0.01 水平上显著，$R^2$ 为 0.805877，说明该时间序列模型显著并且拟合度较好。

通过 6.13 式和 6.15 式对 L 产品反倾销政策实施后 2004—2008 年的销售价格和销售数量进行预测，其预测值如表 6.16 所示。

**表 6.16 2004—2008 年销售价格和销售数量的预测值①**

| 年度 | 价格预测值 | 销售数量预测值 |
|---|---|---|
| 2004 | 13431.4 | 18474.58 |
| 2005 | 12279.95 | 19787.36 |

① 由于涉及商业秘密，本章指标所使用单位不予给出。

续表

| 年度 | 价格预测值 | 销售数量预测值 |
| --- | --- | --- |
| 2006 | 11123.46 | 21100.14 |
| 2007 | 9965.567 | 22412.92 |
| 2008 | 8807.29 | 23725.7 |

②其他指标的预测。

第一，L产业产品库存量的预测。由于产品库存量的影响因素非常复杂，很难从中剥离出反倾销政策的影响，因此，依据2000—2003四年库存的实际数据，通过移动平均法获得L产业2004—2008各年的预测值。公式如下：

$$kc_{04} = \frac{kc_{00} + kc_{01} + kc_{02} + kc_{03}}{4} \quad (6.20)$$

$$kc_{05} = \frac{kc_{01} + kc_{02} + kc_{03} + kc_{04}}{4} \quad (6.21)$$

2006、2007、2008各年度的库存预测值依此类推。

第二，L产业产品产量的预测。L产品2004—2008各年度的预测产量按照公式6.22进行预测。

$$c\hat{l}_t = cl_t \times \frac{xs\hat{l}_t}{xsl_t} + k\hat{c}_t - kc_t \quad (6.22)$$

其中，$t$代表2004—2008各年度；$c\hat{l}_t$、$xs\hat{l}_t$、$k\hat{c}_t$分别代表产量、销售数量、库存的预测值，其他为其实际值。

第三，L产业的产能利用率的预测。由于2004—2008各年度的销售量均没有超出现有生产能力，因此，产能没有扩大。产能利用率（pl）的预测公式如下：

$$p\hat{l}_t = \frac{c\hat{l}_t}{p} \times 100\% \quad (6.23)$$

其中，$p$ 为产能，是固定的。

第四，L 产业的销售收入与市场份额的预测。销售收入根据计算公式以及销售价格和销售数量的预测值即可获得。其计算公式如下：

$$xs\hat{s}_t = xs\hat{l}_t \times j\hat{g}_t \tag{6.24}$$

由于反倾销政策实施前后，L 产品的表观消费量是不变的，因此，市场份额由销售量的预测值除以其表观消费量即可获得，公式如下：

$$shar\hat{e}_t = \frac{xs\hat{l}_t}{Q_t} \times 100\% \tag{6.25}$$

其中，$Q_t$ 为 $t$ 年度的表观消费量。

第五，L 产业就业人数、人均工资以及税前利润的预测。根据 L 产业反倾销终裁公告可知，倾销对就业人数的影响幅度平均为 7.6%，对人均工资的影响幅度平均为 -3.67%[①]，因此，2004—2008 各年度就业人数和人均工资采用其实际值作为预测值。税前利润属于产业各种经营业务的综合收益，很难从中分离出单一产品的收益数额，因此，税前利润的预测值也采用实际值代替。

第六，L 产业劳动生产率的预测。根据劳动生产率的公式、产量的预测值和就业人数即可获得其预测值。公式如下：

$$l\hat{l}_t = \frac{c\hat{l}_t}{l_t} \times 100\% \tag{6.26}$$

（2）反倾销政策产业层面实施效果的测算

各指标趋向线确定后即可获得 2004—2008 年度各指标的预

① 数据来源：中国贸易救济案件数据库，http：//www. cacs. gov. cn/DefaultWebApp/chaxun. jsp。

测值。测算反倾销政策实施效果首先需要对各指标预测值进行归一化处理。这里需要说明的是，为了使L产业的虚拟状态能够与实际发展状态在同一个坐标空间内进行比较，归一化处理时，各指标的预测值不应与其中各年指标的最大值进行比较，而是与实际中各年指标的最大值进行比较。根据归一化处理结果及其各指标的权重加权计算2004—2008各年度的综合得分，其综合得分结果如表6.17所示。

同时，将L产业2004—2008年度实际发展状态下的各指标数据经过归一化处理后，根据其权重加权计算获得各指标的得分和各年度的综合得分，其综合得分结果如表6.17所示。由于保密的需要，各指标的得分不予列出。

**表6.17　L产业虚拟发展状态和实际发展状态下2004—2008年度综合得分表**

| 年度 | 虚拟发展状态下的综合得分 $S_x$ | 实际发展状态下的综合得分 $S_s$ |
|---|---|---|
| 2004 | 58.9 | 59.34 |
| 2005 | 62.3 | 65.54 |
| 2006 | 65.34 | 79.22 |
| 2007 | 69.12 | 91.52 |
| 2008 | 72.41 | 86.43 |
| 合计 | 328.07 | 382.05 |



由表6.17可得，L产业虚拟状态下的综合得分值。计算如下：

$$S_X = f'_{04} + f'_{05} + f'_{06} + f'_{07} + f'_{08} = 328.07 \tag{6.27}$$

由表6.17可得，L产业实际发展状态下的综合得分值：

$$S_s = f_{04} + f_{05} + f_{06} + f_{07} + f_{08} = 382.05 \tag{6.28}$$

根据（6.27）式和（6.3）式即可确定L产业实施反倾销政

策的效果得分值，计算如下：

$$S_H = S_s - S_x = 382.05 - 328.07 = 53.98 \quad (6.29)$$

综上，确定 L 产业各指标虚拟状态下的趋向线后，计算得到其预测值，进而计算出虚拟状态下的综合得分值。将 L 产业实际发展状态下的综合得分值与虚拟状态下的综合得分值进行比较即可测算出反倾销政策实施对 L 产业的影响效果。

### 6.3.3 L 产业反倾销政策实施效果评估标准的确定

在测算出反倾销政策实施对 L 产业发展的影响效果后，为了能够对该效果做出科学而客观的评价，需要计算 L 产业的反倾销政策实施效果评估标准即倾销引起的产业损害幅度。根据 COMPAS 模型，以及 L 产业的实际数据，首先需要计算出 L 产业的基本参数。

（1）进口国本国产品相对国外进口产品的价格交叉价格弹性 $\varepsilon_{dm}$

利用 Spss16.0 软件对 2000—2008 年 L 产业国内同类产品的销售量与国外进口同类产品的价格数据进行回归分析，回归结果如表 6.18 和表 6.19 所示。

**表 6.18 交叉价格弹性回归模型综述表**

| Model | R | R Square | Adjusted R Square | Std. Error of the Estimate |
|---|---|---|---|---|
| 1 | .913（a） | .833 | .809 | 2383.96710 |

a. Predictors：(Constant)，进口价格。

由表 6.18 和表 6.19 可知，$R^2$ 为 0.833，各参数的 t 统计量在 0.01 的水平下显著，说明模型拟合优度较好并且显著。进口价格的回归系数为 1.56，在 95% 置信水平下的其置信区间为

**表 6.19　　交叉价格弹性回归模型相关系数表**

| Model | | Unstandardized Coefficients | | Standardized Coefficients | t | Sig. | 95.0% Confidence Interval for B | |
|---|---|---|---|---|---|---|---|---|
| | | B | Std. Error | | | | Lower Bound | Upper Bound |
| 1 | (Constant) | -11742.27 | 2471.02 | | -4.752 | .003 | -17586.23 | -5893.32 |
| | 进口价格 | 1.560 | 5.907 | .913 | 5.907 | .001 | .936 | 2.185 |

a. Dependent Variable：国内产品销售量。

[0.936, 2.185]。将其带入交叉弹性公式：

$$\varepsilon_{dm} = \frac{dQ_d}{dp_m} \cdot \frac{p_m}{Q_d} \tag{6.30}$$

其中，$\frac{dQ_d}{dp_m}$为回归系数。根据进口价格和国内产品销售量的平均值求得交叉价格弹性的范围 [0.872, 2.035]。

(2) 进口国本国产品的供给弹性 $\varphi_d$

利用 Spss16.0 软件对国内同类产品的产量与销售价格进行回归分析，回归结果如表 6.20 和表 6.21 所示。



**表 6.20　　供给弹性回归模型综述表**

| Model | R | R Square | Adjusted R Square | Std. Error of the Estimate |
|---|---|---|---|---|
| 1 | .883 (a) | .781 | .749 | 2703.80698 |

a. Predictors:(Constant)，销售价格。

回归结果表明，回归模型的 $R^2$ 为 0.781，各回归系数的 t 统计量在 0.01 的水平上显著，说明回归模型拟合度较好，并且显著。价格的回归系数为 1.114，在 95% 的置信水平下的置信区间为 [0.586, 1.641]。根据本国产品供给弹性的计算公式：

**表 6.21　　　　供给弹性回归模型相关系数表**

| Model | | Unstandardized Coefficients | | Standardized Coefficients | t | Sig. | 95.0% Confidence Interval for B | |
|---|---|---|---|---|---|---|---|---|
| | | B | Std. Error | | | | Lower Bound | Upper Bound |
| 1 | (Constant) | -7948.865 | 2178.933 | | -3.648 | .008 | -13102.8 | -2795.69 |
| | 进口价格 | 1.114 | .223 | .883 | 4.990 | .002 | .586 | 1.641 |

a. Dependent Variable：国内产品产量。

$$\varphi_d = \frac{dS}{dp_d} \cdot \frac{p_d}{S} \tag{6.31}$$

根据产量和销售价格的平均值，计算求得供给弹性的取值范围［0.169，1.593］。

（3）进口国本国产品的需求价格弹性 $\varepsilon_d$

利用 Spss16.0 软件对国内同类产品的销售量与销售价格进行回归分析，回归结果如表 6.22 和表 6.23 所示。

**表 6.22　　　　需求弹性回归模型综述表**

| Model | R | R Square | Adjusted R Square | Std. Error of the Estimate |
|---|---|---|---|---|
| 1 | .864a | .747 | .710 | 2935.32006 |

a. Predictors：(Constant)，销售价格。

由回归结果可知，该模型拟合度较好且显著。回归系数在 95% 置信水平下的置信区间为［0.528，1.674］。将其代入需求的价格弹性公式：

$$\varepsilon_d = \frac{dQ}{dp_d} \cdot \frac{p_d}{Q} \tag{6.32}$$

根据销售价格和销售数量的平均值，计算求得需求价格弹性

表 6.23　　需求弹性回归模型相关系数表

| Model | | Unstandardized Coefficients | | Standardized Coefficients | t | Sig. | 95.0% Confidence Interval for B | |
|---|---|---|---|---|---|---|---|---|
| | | B | Std. Error | | | | Lower Bound | Upper Bound |
| 1 | (Constant) | -4624.631 | 2365.54 | | -1.955 | .072 | -10219.133 | 969.871 |
| | 进口价格 | 1.101 | .242 | .864 | 4.542 | .003 | .528 | 1.674 |

a. Dependent Variable：国内产品销售量。

的取值范围为［0.509，1.613］。

（4）倾销产品的倾销幅度

L 产品的倾销幅度由国家调查机关公布的调查公告中可以获知，然而不同来源的产品倾销幅度不一致，通过进口量的加权平均计算获得 L 产品的总倾销幅度为 108%。

由于给出的是各弹性参数的取值范围，这样会有 8 种不同的取值组合。因此，利用 Excel Solver 软件进行计算时，会有 8 种模拟计算结果。将各种结果进行平均可得倾销对 L 产业国内销售价格、销售收入、销售量的影响幅度，具体结果如表 6.24 所示。

表 6.24　　倾销 L 产业相关指标的影响幅度　　（单位：%）

| 指标 | 情况 1 | 情况 2 | 情况 3 | 情况 4 | 情况 5 | 情况 6 | 情况 7 | 情况 8 | 结果 |
|---|---|---|---|---|---|---|---|---|---|
| 销售价格 | -1.82 | -0.43 | 0.57 | -30.96 | -4.25 | -1.01 | 1.33 | -72.24 | -13.6 |
| 销售数量 | -0.31 | -0.07 | 0.91 | -49.31 | -0.72 | -0.17 | 2.12 | -115.08 | -20.33 |
| 销售收入 | -2.13 | -0.50 | 1.48 | -80.27 | -4.97 | -1.17 | 3.47 | -187.32 | -33.93 |

然后，根据 6.2.4.2 节中所述方法对其他指标进行调整，这里需要说明的是，反倾销调查实践中确定产业损害时仅调查立案

前三个自然年度的产业发展状况，因此，确定 L 产业的产业损害只对 2001—2003 年的数据进行调整。将调整后的指标数据进行归一化处理，求得 L 产业在 2001—2003 年不存在倾销的实际发展状态综合得分值。同样，在归一化处理时，为了将国内产业在不存在倾销情况下的发展状态与实际发展状态放在同一个坐标空间内进行比较，各指标的修正数值不应再与修正值中各年指标的最大值进行比较，而应与实际中各年指标的最大值进行比较。表 6. 25 列示了 L 产业 2001—2003 年存在倾销和不存在倾销两种发展状态下的综合得分值 $S'_x$和 $S'_s$，求两者之差即可以获得倾销对 L 产业的损害幅度。

**表 6. 25　L 产业不存在倾销和存在倾销情况下发展状态度综合得分表**

| 年度 | 存在倾销状态下的综合得分 $S'_x$ | 不存在倾销状态下的综合得分 $S'_s$ |
|---|---|---|
| 2001 | 56. 99 | 64. 62 |
| 2002 | 55. 84 | 64. 01 |
| 2003 | 51. 46 | 58. 7 |
| 合计 | 164. 29 | 187. 33 |



由表 6. 25 的结果，可以计算得出 L 产业的倾销损害幅度：

$$S_I = S'_x - S'_s = 187.33 - 164.29 = 23.04 \qquad (6.33)$$

由 6. 3. 2. 2 节可知，反倾销政策使得 L 产业得到了恢复与发展，其恢复与发展综合得分值为 53. 98，大于产业损害幅度得分值 23. 04，即：

$$S_H = 53.98 > S_I = 23.04$$

从而得出针对 L 产业而言，反倾销政策实现了预期目的的结论。抑制了国外进口企业对 L 产品的倾销，使 L 产业获得了恢复与发展，为提高竞争力奠定了基础。

# 第7章 结论与展望

本书从政策评估的视角出发，依据反倾销政策具有产业政策功能的实质，将反倾销政策效果评估定位在企业微观和产业中观两个层面。这与以往国内外多数学者从反倾销措施经济影响角度进行效果评估有所不同。

本书在国内外已有研究成果的基础上，着重研究了反倾销政策企业层面和产业层面效果量化评估方法，并对其进行了实证检验。概括全书，主要研究结论如下：

(1) 通过对反倾销政策与产业保护关系的理论分析，得出反倾销政策实质上具有产业政策功能的结论，从而界定反倾销政策效果应包含企业层面和产业层面两个层次的综合效果。

(2) 通过反倾销政策对企业行为和产业发展的作用原理及其传导机制的分析，得出了如下结论：一是企业根据反倾销政策的实施情况对生产决策行为作出调整，如果以倾销幅度征收反倾销税，进口竞争企业会根据反倾销税的增加而增加产量，如果以损害幅度征收反倾销税，进口竞争企业产量会随着反倾销税的增加而减少，但不论哪种征税方式，进口竞争企业利润会随着反倾销税率的增加而增加；二是反倾销政策的实施使得进口竞争企业尽快实施管理创新行为，获取竞争优势，从而提升国际竞争力；三是反倾销政策企业层面的影响会沿着经济技术联系的通道进行传导与整合，从而达到救济进口竞争产业的目的。

(3) 根据公共政策效果评估的“实验组和对照组对比分析法”和反倾销政策对涉案企业作用的特点，设计了反倾销政策企业层面效果量化评估的 ECM 方法，并利用化工行业涉案企业微观数据进行了实证研究。ECM 评估方法的应用主要包括三个关键步骤：确定合理的实验组和对照组、选取合理而科学的评估指标并进行测算、构建计量模型对政策效果进行评估。解决了这三个步骤，就可以应用 ECM 方法对反倾销政策企业层面的效果进行评估。ECM 方法实证研究的结论显示反倾销政策能够有效提高涉案企业的全要素生产率，也就是说达到了提高涉案企业国际竞争力的目的。

(4) 根据公共政策效果评估的“政策有—无对比分析法”和反倾销政策对涉案产业的作用特点，设计了反倾销政策产业层面效果量化评估的 ICACM 方法，并利用 L 涉案化工产业调研数据进行了方法的实证研究。ICACM 评估方法的应用主要包括四个关键步骤：评估指标体系构建及各指标权重确定、产业实际状态综合值的计算、趋向线的确定、评估标准的确定。解决了这四个关键步骤的问题，就可以应用 ICACM 方法对反倾销政策产业层面的实施效果进行评估。ICACM 方法的实证研究结论表明反倾销政策的实施有效地弥补了产业损害，使产业获得了发展，达到了预期的产业救济目的。

当然，由于作者的研究水平以及相关统计数据资料的可获得性，本书研究还存在进一步完善之处，主要表现在：

（1）在反倾销政策企业层面效果评估的 ECM 方法中，由于我国自 1997 年以来终止调查的反倾销案例较少，相应的数据资料不是很多，因此，对照组确定中的自选择偏差和“政府选择偏差”控制得不是非常理想。如果具有足够多的终止调查案例数据资料，会更有效地控制对照组选取的偏差，使得对照组选取的随机性程度更高，从而提高评估结果的精确度。

（2）在反倾销政策产业层面效果评估的 ICACM 方法中，并没有把反倾销措施和其他因素对国内涉案产业的影响分开，这主要是由于目前无法准确计算出各影响因素对国内涉案产业影响的贡献程度。如果能够寻找到有效计算各因素贡献程度的方法，可以进一步改进 ICACM 评估方法，提高评估精度。

（3）由于受获取资料的限制，在 ECM 方法和 ICACM 方法的应用研究中仅对化工行业涉案企业和 L 产业数据进行了反倾销政策效果的评估，如果能够获得其他涉案行业的企业和产业数据资料就可以对反倾销政策在更大行业范围内的实施效果作出全面的评估。

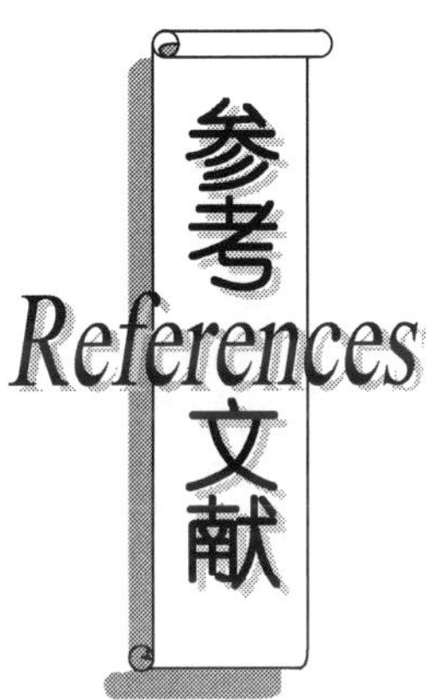


[1] 乐菲菲．上市公司广义资本结构与绩效相关性研究——来自计算机行业上市公司的经验数据［M］．北京：中国财政经济出版社，2017.4：61.

[2] 王国顺等．技术、制度与企业效率——企业效率基础的理论研究［M］．北京：中国经济出版社，2005.

[3] 雅各布·瓦伊纳．倾销——国际贸易中的一个问题［M］．北京：商务印书馆，2003.

[4] 唐宇．反倾销保护引发的四种经济效应分析［J］．财贸经济．2004，(11)：65－69.

[5] Finger J. Michael, H. Keith Hall, Douglas R. Nelson. The Political Economy of Administered Protection［J］. American Economic Review, 1982, 72: 452－466.

[6] James C. Hartigan, Sreenivas Kamma, Philip R. Perry. The Injury Determination Category and the Value of Relief from

Dumping [J] . Review of Economics and Statistics, 1989, 71: 183 - 186.

[7] Lichtenberg, Frank, Hong, Tan. An Industry Level Analysis of Import Relief Petitions Filed by U. S. Manufacturers [C] . in Troubled Industries in the United States and Japan, ed. By Hong Tan and Haruo Shimada. NewYork: St. Martin's Press, 1990.

[8] Harrison, Ann. The New Trade Protection: Price Effect of Antidumping and Countervailing Duty Measures in the United State [R] . World Bank Working Paper, 1991.

[9] Robert W. Staiger, Frank A. Wolak. Measuring Industry Specific Protection: Antidumping in the United States [R] . NBER Working paper, 1994.

[10] Bruce A. Blonigen, Thomas J. Prusa. Antidumping [R] . NBER Working Paper, NO. 8398, 2001.

[11] Thomas J. Prusa. The Trade Effects of U. S. Antidumping Actions [R] . NBER Working paper, 1996.

[12] Thomas J. Prusa. On the Spread and Impact of Antidumping [R] . NBER Working Paper, 1999.

[13] Bodhisattva Ganguli . The Trade Effects of Indian Antidumping Actions [D], The State University of New Jersey, 2005.

[14] Gunnar Niels. Trade Diversion and Destruction Effects of Antidumping Policy: Empirical Evidence from Mexico [R]. Erasmus University Rotterdam Working paper, 2003.

[15] Hylke Vandenbussche and Maurizio Zanardi. The Chilling Effects of Antidumping Law Proliferation [R] . CEPR Working paper, 2007.

[16] Corinne M. Krupp, Susan Skeath. Evidence on the Up-

stream and Downstream Impacts of Antidumping Cases [J]. North American Journal of Economics and Finance, 2002, 13: 163 – 178.

[17] Jozef Konings, Hylke Vandenbussche, Linda Springael. Import Diversion Under European Antidumping Policy [J]. Journal of Industry, Competition and Trade. 2001, 1 (3): 283 – 299.

[18] Hylke Vandenbussche, Jozef Konings, Linda Springael. Import Diversion under European Antidumping Policy [R]. CEPR Working Paper, 2005.

[19] Andrea Lasagni. Does Country – targeted Anti – dumping Policy by the EU Create Trade Diversion [J]. Journal of World Trade. 2000, 34 (4): 137 – 159.

[20] Shi Young Lee and Sung Hee Jun. On the Investigation Effects of the US Antidumping Petitions: A Psychological Approach [J]. 9th Congress of the Schumpeterian Society, 2002.

[21] Chad P. Brown and Meredith A. Crowley. Policy externalities: How US Antidumping Affects Japanese Exports to the EU [J]. European Journal of Political Economy, 2006, 22 (3): 696 – 714.

[22] 沈瑶，王继柯．中国反倾销实施中的贸易转向研究：以丙烯酸酯为例 [J]．国际贸易问题，2004，(3)：9 – 12.

[23] 武新丽，王微，贾洋．我国对外反倾销调查现状及经济学分析 [J]．山西财政税务专科学校学报，2005，7 (4)：47 – 52.

[24] 周蔚．中国新闻纸、铜版纸反倾销经济效应实证分析 [D]．杭州：浙江大学，2004.

[25] 胡麦秀，严明义．反倾销保护引致的市场转移效应分析 [J]．国际贸易问题，2005，(10)：19 – 23.

[26] 鲍晓华．反倾销措施的贸易救济效果评估 [J]．经济

研究，2007，(2)：71 -84.

[27] 张玉卿，杨荣珍．我国对外反倾销贸易救济效果评估[J]．世界贸易组织动态与研究，2008，(11)：1 -6.

[28] 刘玲，刘剑芸．我国对外反倾销的贸易救济效果研究——基于贸易竞争力指数视角[J]．经济与管理研究，2009，(10)：67 -73.

[29] Hartigan, Sreenivas Kamma, Philip R. Perry. The Injury Determination Category and the Value of Relief from Dumping [J]. Review of Economics and Statistics, 1989, 71: 183 -186.

[30] Mahnaz Mahdavi, Amala Bhagwati. Stock Market Data and Trade Policy: Dumping and the Semiconductor Industry [J]. International Trade Journal, 1994, 8 (2): 207 -221.

[31] Sarah J. Marsh. Creating Barriers for Foreign Competitors: A Study of the Impact of Antidumping Actions on he Performance of U. S. Firms [J]. Strategic Management Journal, 1998, (19): 25 -37.

[32] 陈坤铭．反倾销制度与产业保护效果[R]．台北：经济部贸易调查委员会，2000.

[33] Kun—Ming CHEN, Tsai—Chia CHEN. Firms' Strategies and the Effects of Antidumping Policy [EB/OL], http: //ecomod. net/conferences, 2003.

[34] Jozef Konings, Hylke Vandenbussche. Antidumping Protection and Markups of Domestic Firms: Evidence from Firm Level Data [J]. Journal of International Economics, 2003.

[35] Jozef Konings, Hylke Vandenbussche. Antidumping Protection hurts Exporters: Firm - level evidence from France [R]. CEPR Working paper, 2009.

[36] 宾建成. 中国首次反倾销措施执行效果评估 [J]. 世界经济, 2003, (9): 38 -43.

[37] 仲崇东. 我国首例进口反倾销措施的经济效果评估 [N]. 国际商报, 2004. 2. 28.

[38] 刘蕾, 何海燕, 常明. 进口反倾销措施对中国经济的影响分析 [J]. 北京理工大学学报 (社会科学版), 2008, (8): 20 -23.

[39] 杨悦, 何海燕. 进口反倾销行为对产业价格指数影响的反事实研究框架 [J]. 商业经济与管理, 2008, (1): 57 -62.

[40] 苏振东, 刘芳. 中国对外反倾销措施的产业救济效应评估——基于动态面板数据模型的微观计量分析 [J]. 财贸经济, 2009, (10): 77 -84.

[41] 苏振东, 刘芳. 中国对外反倾销的经济救济效果评估 [J]. 世界经济研究, 2010, (1): 45 -51.

[42] 苏振东, 刘芳, 严敏. 中国反倾销措施产业救济效应的作用机制和实际效果 [J]. 财贸经济, 2010, (11): 88 -97.

[43] 向洪金, 赖明勇. 我国反倾销措施的产业救济效果和福利效应研究——基于 COMPAS 模型的理论与实证分析 [J]. 产业经济研究, 2010, (4): 153 -162.

[44] 陈振凤, 何海燕. 成本会计核算方法的比较研究: 基于反倾销视角 [J]. 生产力研究, 2008, (24): 56 -68.

[45] 陈振凤, 何海燕. 基于反倾销应诉的会计准则国际协调研究 [J]. 兰州商学院学报, 2010, (04): 67 -90.

[46] Feinberg Robert M., Kaplan Seth. Fishing Downstream: the Political Economy of Effective Administered Protection [J]. Canadian Journal of Economics, 1993, (26): 150 -158.

[47] Leo Sleuwaegen, Belderbos, René, Jie - A - Joen,

Clive. Cascading Contingent Protection and Vertical Market Structure [J]. International Journal of Industrial Organization, 1998, (16): 697-718.

[48] Hoekman, B. M., Leidy, M. P.. Cascading Contingent Protection [J]. European Economic Review, 1992, (36).

[49] James J. Fetzer. A Partial Equilibrium Approach of Modeling Vertical Linkages in the U. S. Flat Rolled Steel Market [R]. U. S. International Trade Commission working paper, 2005.

[50] 朱钟棣，鲍晓华. 反倾销措施对产业的关联影响——反倾销税价格效应的投入产出分析 [J]. 经济研究，2004，(1)：83-92.

[51] 沈瑶，朱益，王继柯. 中国反倾销实施中的产业关联研究：以聚氯乙烯案为例 [J]. 国际贸易问题，2005，(3)：83-87.

[52] 马永华. 反倾销与下游产业关联研究——以我国丙烯酸酯反倾销为研究案例 [D]. 南京：南京农业大学，2006.

[53] 邹超. 贸易救济措施中进口国公共利益问题的投入产出分析——以钢铁产业为例 [J]. 北京城市学院学报，2007，(1).

[54] 寇琳. 中国对外反倾销的实证分析及对策研究 [D]. 厦门：厦门大学，2006.

[55] 刘向丽，魏馨. 我国反倾销绩效的实证分析：以化工行业为例 [J]. 当代财经，2010，(8)：130-137.

[56] 杨悦. 企业进口反倾销行为决策及其价格效应研究——以钢压延加工业为例 [D]. 北京：北京理工大学，2008.

[57] Robert W. Staiger, Frank A. Wolak. Strategic Use of Antidumping Law to Enforce Tacit International Collusion [R]. NBER Working Paper, NO. 3016, 1989.

[58] Robert W. Staiger, Frank A. Wolak. The Effect of Domestic Antidumping Law in the Presence of Foreign Monopoly [R]. NBER Working Paper, NO. 3254, 1990.

[59] Thomas J. Prusa. Why Are So Many Antidumping Petition Withdrawn [J]. Journal of International Economics, 1992, 33: 1-20.

[60] Maurizio Zanardi, Boston College. Antidumping Law as a Collusive Device [C]. Midwest International Economics Meeting, 2000.

[61] Bruce A. Blonigen, Chad P. Bown. Antidumping and Retaliation Threats [J]. Journal of International Economics. 2003, 60: 249-273.

[62] Alberto Martin, Wouter Vergote. Anti-Dumping: Cooperation Enhancing Retaliation [R]. Columbia University Discussion paper, 2005.

[63] Leidy, Bernard M. Hoekman. Production Effects of Price-and Cost-based Antidumping Laws Under Flexible Exchange Rates [J]. Canadian Journal of Economics, 1990, 23: 873-895.

[64] Ethier, Wilfred J., Ronald D. Fisher. The New Protectionism [J]. Journal of International Economic Integration, 1987, (2): 1-11.

[65] Fisher, Ronald D. Endogenous Probability of Protection and Firm Behavior [J]. Journal of International Economics, 1992, 32: 149-163.

[66] Reitzes, James D. Antidumping-Policy [J]. International Economic Review, 1993, 34 (4): 745-763.

[67] Bruce A. Blonigen, Jee-Hyeong Park. Dynamic Pricing in the Presence of Antidumping Policy: Theory and Evidence [C].

Midwest International Economics Meetings, 2001.

[68] Reinhilde Veugelers, Hylke Vandenbussche. European Antidupumping Policy and the Profitability of National and International Collusion [J]. European Economic Review, 1999, 43: 1-28.

[69] Messerlin. Antidumping Cases or Pro-Cartel Law? The EC Chemical Industry Cases [J]. World Economy, 1990.

[70] 杨仕辉，王红玲，舒颜颜. 反倾销动态博弈与效应分析 [J]. 系统工程理论与实践. 2001,(11): 43-49.

[71] 杨仕辉. 反倾销的国际比较，博弈与我国对策研究 [M]. 北京：科学出版社，2005.

[72] James casing and Ted To. Antidumping, Signaling and Cheep Talk [R]. University of Pittsburgh working paper, 2004.

[73] Kara M. Olson. Free Riders among the Rent-Seekers: A Model of Firm Participation in Antidumping Petitions [R]. American University working paper, 2004.

[74] 冯巨章. 反倾销中的企业应诉决策分析 [J]. 财经研究, 2005, 31 (10): 124-136.

[75] Healand Jan I., Waoton Ian. Antidumping Jumping: Reciprocal Antidumping and Industrial Location [J]. Review of World Economics, 1998, 133: 419-457.

[76] Ellingsen T., Warneryd K. Foreign Direct Investment and the Political Economy of Protection [J]. International Economic Review, 1999, 40: 357-379.

[77] Paul Azrak, Kevin Wynne. Protectionism and Japanese Direct Investment in the United States [J]. Journal of Policy Modeling, 1995, 17 (3): 293-305.

[78] Bruce A. Blonigen, Robert C. Feenstra. Protectionist

Threats and Foreign Direct Investment [R] . University of California working paper, 1996.

[79] Bruce A. Blonigen. Tariff – jumping Antidumping Duties [J] . Journal of International Economics, 2002, 57: 31 –49.

[80] R. Belderbos, H. Vandenbussche, R. Veugelers. Tariff Jumping DFI and Export Substitution: Japanese Electronics Firms in Europe [J] . International Journal of Industrial Organization, 1998, 16: 601 –638.

[81] Delia Ionascu. Foreign Direct Investment, Tariff Jumping Argument and the Market Conduct in the North – South Trade [R] . CERGE – EI working Paper, 2004.

[82] 西安交通大学国际经济研究所，中国社会科学院对外经贸国际金融研究中心. 进口反倾销调查与外商在华投资关系研究报告 [R] . 2005，8.

[83] 祝福云，冯宗宪. 我国对外反倾销调查与外商在华直接投资研究财贸研究 [J] . 2006，(6)：29 –35.

[84] 胡麦秀，冯宗宪. 成本不对称条件下出口企业在面对反倾销时的战略选择 [J] . 经济管理，2005，(7)：72 –80.

[85] 焦知岳，冯宗宪. 外国直接投资与国内企业反倾销申诉——基于贸易保护需求视角的分析 [J] . 经济评论，2008，(6)：103 –108.

[86] James M. Devault. The welfare effects of U. S. antidumping duties [J] . Open Economies Review, 1996, (7) .

[87] Bruce A. Blonigen, Stephen E. Haynes. Antidumping investigations and the Pass – Through of Antidumping Duties and Exchange Rates [J] . American Economic Review, 2002, 92: 1044 –1061.

[88] 王凤生，进口救济制度对产业结构调整之研究——多

部门一般均衡模型［R］．台北：经济部贸易调查委员会，2000.

［89］魏瑶，雷良海．反倾销保护对进口国的福利效应分析［J］．经济问题探索，2007，（2）：96－102.

［90］Cochran，W. and D. Rubin. Controlling Bias in Observational Studies［C］，Sankyha，1973，35：417－446.

［91］Rubin，D. Matching to Remove Bias in Observational Studies［J］．Biometrics，1973，29：159－183.

［92］Rubin，D. Matching Methods that are Equal Percent Bias Reducing：Some Examples［J］．Biometrics，1976，（32）：109－120.

［93］Rubin，D.．Using Multivariate Matched Sampling and Regression Adjustment to Control Bias in Observational Studies［J］．Journal of the American Statistical Association，1979，（74）：318－328.

［94］Rosenbaum，P. and Rubin，D.．The Central Role of the Propensity Score in Observational Studies for Causal Effects［J］．Biometrika，1983，（70）：41－55.

［95］Rosenbaum，P. and Rubin，D.．Constructing a Control Group Using Multivariate Matched Sampling Methods that Incorporate the Propensity Score［J］．American Statistician，1985，（39）：38－39.

［96］Heckman，J.，Ichimura，H and Todd，P. Matching as an Econometric Evaluation Method：Evidence from Evaluating a Job Training Program［J］．Review of Economic Studies，1997，64（4）：605－654.

［97］Heckman，J.，Ichimura，H. and Todd，P.．Matching as an Econometric Evaluation Method［J］．Review of Economic Studies，1998，65（2）：261－294.

［98］Dehejia，R. and Wahba，S.．Causal Effects in Non－experimental Studies：Reevaluating the Evaluation of Training Programs

[J] . Journal of the American Statistical Association, 1999, 94 (448): 1053 - 1062.

[99] Dehejia, R. and Wahba, S.. Propensity Score Matching Methods for Non - experimental Causal Studies [J] . Review of Economics and Statistics, 2002, 84 (1): 151 - 161.

[100] Alexis Diamond and Jasjeet S. Sekhon. Genetic Matching for Estimating Causal Effects: A General Multivariate Matching Method for Achieving Balance in Observational Studies [EB/OL] . working paper: http: //sekhon. polisci. berkeley. edu/matching/, 2005.

[101] Heckman, J.. Shadow Prices, Market Wages, and Labor Supply [J] . Econometrica, 1974, 42 (4): 679 - 694.

[102] Heckman, James. The Common Structure of Statistical Models of Truncation, Sample Selection, and Limited Dependent Variables and a Simple Estimator for Such Models [J] . Annals of Economic and Social Measurement, 1976, (5): 475 - 492.

[103] Heckman, J. Sample Selection Bias as a Specification Error [J] . Econometrica, 1979, 47 (1): 153 - 161.

[104] Heckman, James and Richard Robb. Alternative Methods for Evaluating the Impact of Interventions [M] . Longitudinal Analysis of Labor Market Data. NewYork: Cambridge University Press for Econometric Society Monograph Series, 1985: 156 - 246.

[105] Heckman, James and Richard Robb. Alternative Methods for Evaluating the Impact of Interventions: An Overview [J] . Journal of Econometrics, 1985, 30 (1 - 2): 239 - 267.

[106] Heckman, J, J. Tobias and E. Vytlacil. Simple Methods for Treatment Parameters within a Latent Variable Framework [J] . Review of Economics and Statistics, 2003, 85 (3): 748 - 755.

[107] Heckman, James and V. Joseph Hotz. Choosing Among Alternative Methods of Estimating the Impact of Social Programs: The Case of Manpower Training [J]. Journal of the American Statistical Association, 1989, 84 (408): 862-874.

[108] Moffitt, Robert. Program Evaluation with Non-experimental Data [J]. Evaluation Review, 1991, 15 (3): 291-314.

[109] Eissa, Nada. Labor Supply and the Economic Recovery Tax Act of 1981 [C]. Empirical Foundations of Household Taxation. Chicago: University of Chicago Press for NBER, 1996: 5-32.

[110] Heckman, James. Comment. In Martin Feldstein and James Poterba, eds. [C]. Empirical Foundations of Household Taxation. Chicago: University of Chicago Press for NBER, 1996: 32-38.

[111] 周黎安，陈烨．中国农村税费改革的政策效果：基于双重差分模型的估计 [J]．经济研究，2005，(8)：44-53.

[112] 朱宁宁，朱建军等．我国政府建筑节能政策（措施）的实施效果评价 [J]．中国管理科学，2008，(10)：576-580.

[113] 郑佩娜，陈新庚等．排污收费制度与污染物减排关系研究——以广东省为例 [J]．生态环境，2007，(5)：1376-1380.

[114] 李淑艳．贵州省退耕还林政策效果评估与分析研究 [D]．北京：北京林业大学，2006.

[115] 于娟．环境政策的评估理论与方法 [D]．兰州：兰州大学，2008.

[116] 刘诚．中国退耕还林政策系统性评估研究 [D]．北京：北京林业大学，2009.

[117] Kelly, H., and Morkre, E. One Lump or Two: Unitary versus Bifurcated Measures of Injury at the USITC [J]. Economic

Inquiry, 2006, 44 (4).

[118] 何海燕. 反倾销中产业损害幅度测算指标体系的建构 [J]. 价值工程, 2003, (3): 2 -4.

[119] Oykes, O.. The Economics of Injury in Antidumping and Countervailing Duty Cases [J]. International Review of law and Economic, 1996, 16.

[120] 常明, 何海燕. 基于主成分分析法的产业损害指标体系研究 [J]. 财贸研究, 2007, (3): 45 -49.

[121] 姜国庆, 凡刚领. 产业损害程度测算指标相关性的有效消除研究 [J]. 管理科学, 2004, 17 (5): 87 -91.

[122] 王明明, 隋伟莹. 多层模糊综合评判方法在损害分析中的应用 [J]. 北京化工大学学报, 2004, 31 (3): 102 -109.

[123] 寇琳. 一种基于灰色模型的反倾销产业损害状况评判方法 [J]. 机电信息, 2005, (17): 32 -35.

[124] 王明明, 吴娇等. 倾销与损害因果关系模型中理论价格的方法研究 [J]. 北京化工大学学报, 2003, 30 (1): 61 -64.

[125] Jione Jung. Understanding the COMPAS Model: Assumptions, Structure and Elasticity of Substitution [D]. University of Florida, 2004.

[126] 栾信杰. 反倾销损害分析的经济学方法及其应用 [J]. 外国经济与管理, 1998, (11): 43 -45.

[127] 向洪金, 柯孔林, 冯宗宪. 反倾销产业损害认定的理论与实证研究——基于 COMPAS 模型的分析 [J]. 中国工业经济, 2009, (1): 42 -52.

[128] Thomas J. Prusa, David C. Sharp. Simultaneous Equations in Antidumping Investigations [J]. Journal of Forensic Economics, 2001, 14 (1): 63 -78.

[129] Grossman, M.. Imports as a Cause of Injury: The Case of the U. S. Steel Industry [J] . Journal of International Economics, 1986, (20) .

[130] Pindyck R. S. , Rotemberg, J. J. Are Imports to Blame? Attribution of Injury Under the 1974 Trade Act [J] . Journal of Law and Economics, 1987, (20): 101 - 122.

[131] James P. Durling, Matthew McCullough. Teaching Old Laws New Tricks: The Legal Obligation of Non - Attribution and the Need for Economic Rigor in Injury Analysis Under US Trade Law [M], in Handbook of International Trade Volume, edited by E. K. Choi and J. C. Hartigan. Oxford: BlacKFell Publishers, 2005.

[132] David Sharp, Kenneth Zantow. Attribution of Injury in the Shrimp Antidumping Case: A Simultaneous Equations Approach [J] . Economic Bulletin. 2005, 6 (5): 1 - 10.

[133] Joseph F. Francois, H. Keith Hall. Partial Equilibrium Modeling [M] . In J. F. Francois and K. A. Reinert, eds. Applied Methods for Trade Policy Analysis: A Handbook. New York: Cambridge University Press, 1997.



[134] Laura M. Baughman. Shrimp Antidumping Petition Would Jack Up Prices to Shrimp Consuming Industries [R] . http: //www. tradepartership. com, 2004.

[135] Alexander Keck, Bruce Malashevich, Ian Gray. A 'Probabilistic' Approach to the Use of Econometric Models in Sunset Review [R] . WTO Staff Working Paper ERSD - 2006 - 01, 2006.

[136] 常明 . 进口反倾销的救济效果评估体系研究 [D] . 北京: 北京理工大学, 2008.

[137] 赵飞 . 反倾销救济效果评估方法研究 [D] . 北京:

北京理工大学，2009.

［138］徐伟．国有控股公司控股方行为及其治理绩效实证研究［M］．北京：经济科学出版社，2016. 5：185.

［139］Miyagiwa K. , and Y. Ohno. Closing the Technology Gap under Protection［J］, American Economic Review. 1995, （85）：755 –770.

［140］Stuart R . Faulk. Achieving Industrial Relevance with Academic Excellence：Lessons from the Oregon master of software engineering. Institute of Electric Engineer. 2000 International Conference on Software Engineering（ICSE 2000）, Limerick Ireland, 2000：68 –70.

［141］王骚，王达梅．公共政策案例分析［M］．天津：南开大学出版社，2006.

［142］Danny M. Leipziger, Hyun JA. Shin. The Demand for Protection：A look at Antidumping Cases［J］. Open Economies Review. 1991（2）：27 –38.

［143］Jozef Konings, Hylke Vandenbussche. Antidumping Protection and Productivity Growth of Domestic Firms［R］. CEPR –discussion paper, 2004.

［144］Rosenbaum P, Rubin D. The Central Role of the Propensity Score in Observational Studies for Causal Effects［J］. Biometrika, 1983（70）：41 –55.

［145］赵守军，张勇，汪萱怡，高燕宁．均衡组间差异的有效方法：倾向评分［J］．中华流行病学杂志，2003，（6）：516 –520.

［146］淡远鹏．片段化生产、技术扩散与长江三角洲地区的工业化［D］．上海：复旦大学，2006.

[147] 黄新建，张宗益．反倾销调查与盈余管理：来自中国股市的经验证据［J］．生态经济，2006（7）：45－47.

[148] 单豪杰．中国资本存量K的再估算：1952—2006年［J］．数量经济技术经研究，2008，（10）：17－31.

[149] 刘思峰，党耀国，方志耕．灰色系统理论及其应用［M］．北京：科学出版社，2004.

[150] Francois，J. F.，Hall，H. K. Partial equilibrium modeling［M］//Francois，J. F.，Reinert，K. A.，et al. Applied methods for trade policy analysis. Cambridge：Cambridge University Press，1997.

[151] Armington，P. A The Geographic Pattern of Trade and The Effects of Price Changes［R］. International Monetary Fund Staff Papers，1969（16）.

[152] Armington，P. A Theory of Demand for Products Distinguished by Place of Production［R］. International Monetary Fund Staff Papers，1969（16）.

[153] 张晓峒．计量经济学基础（第3版）［M］，天津：南开大学出版社，2007.

# 附录 A　Logistic 模型的预测结果

| 省份代码 | 注册号 | 年份 | p 值 | y 值 | 省份代码 | 注册号 | 年份 | p 值 | y 值 |
|---|---|---|---|---|---|---|---|---|---|
| 12 | 600570779 | 2001 | 0. 01623 | 0 | 33 | 148159456 | 2002 | 0. 23784 | 0 |
| 32 | 607984448 | 2001 | 0. 04925 | 0 | 21 | 243614533 | 2006 | 0. 23973 | 0 |
| 61 | 220714419 | 2001 | 0. 05081 | 0 | 31 | 133414960 | 2001 | 0. 24428 | 0 |
| 32 | 142850465 | 2002 | 0. 06375 | 0 | 41 | 835200078 | 2003 | 0. 24695 | 0 |
| 44 | 617523864 | 2002 | 0. 07064 | 0 | 13 | 601200075 | 2003 | 0. 25008 | 0 |
| 32 | 250381272 | 2002 | 0. 07570 | 0 | 62 | 224761036 | 2002 | 0. 25376 | 0 |
| 37 | 165201599 | 2002 | 0. 07667 | 0 | 44 | 707980014 | 2005 | 0. 25608 | 0 |
| 61 | 220714419 | 2002 | 0. 08052 | 0 | 21 | 604631647 | 2003 | 0. 26011 | 0 |
| 44 | 191475163 | 2002 | 0. 08645 | 0 | 44 | 707800095 | 2002 | 0. 26691 | 0 |
| 31 | 132282521 | 2002 | 0. 08715 | 0 | 33 | 148192002 | 2002 | 0. 27378 | 0 |
| 11 | 700052549 | 2002 | 0. 09030 | 0 | 44 | 617523864 | 2001 | 0. 27818 | 0 |
| 44 | X18502439 | 2002 | 0. 09335 | 0 | 32 | 746240879 | 2006 | 0. 28141 | 0 |
| 31 | 132282521 | 2001 | 0. 09360 | 0 | 44 | 728768135 | 2003 | 0. 29354 | 0 |
| 32 | 608925642 | 2001 | 0. 09984 | 0 | 33 | 14385226X | 2006 | 0. 29369 | 0 |
| 31 | 607370825 | 2002 | 0. 11169 | 0 | 42 | 615787786 | 2005 | 0. 30663 | 0 |
| 32 | 250381272 | 2003 | 0. 11503 | 0 | 33 | 719569791 | 2003 | 0. 30666 | 0 |
| 37 | 165201599 | 2001 | 0. 11695 | 0 | 44 | 617892221 | 2003 | 0. 31840 | 0 |
| 32 | 607984448 | 2002 | 0. 11727 | 0 | 65 | 722312145 | 2006 | 0. 32179 | 0 |
| 11 | 700052549 | 2001 | 0. 11869 | 0 | 32 | 607985184 | 2001 | 0. 32807 | 0 |
| 12 | 600570779 | 2002 | 0. 12386 | 0 | 32 | 608834353 | 2002 | 0. 32818 | 0 |
| 44 | 617523864 | 2005 | 0. 12716 | 0 | 32 | 607985184 | 2002 | 0. 33200 | 0 |
| 37 | 165108095 | 2002 | 0. 12822 | 0 | 62 | 224761036 | 2001 | 0. 33229 | 0 |
| 44 | 707637179 | 2002 | 0. 12940 | 0 | 31 | 729430152 | 2006 | 0. 34105 | 0 |
| 41 | 835200078 | 2001 | 0. 13077 | 0 | 37 | 614373506 | 2005 | 0. 34874 | 0 |
| 44 | 721994703 | 2003 | 0. 14631 | 0 | 32 | 25099428X | 2006 | 0. 35425 | 0 |
| 44 | 617625705 | 2001 | 0. 15426 | 0 | 37 | 72428351X | 2006 | 0. 35930 | 0 |
| 32 | 628283720 | 2003 | 0. 15899 | 0 | 44 | X1870679X | 2005 | 0. 36742 | 0 |
| 44 | 191354660 | 2003 | 0. 16389 | 0 | 32 | 608834353 | 2001 | 0. 36762 | 0 |
| 37 | 165108095 | 2001 | 0. 17732 | 0 | 33 | 712551513 | 2006 | 0. 36983 | 0 |
| 32 | 142850465 | 2003 | 0. 18105 | 0 | 37 | 165108095 | 2005 | 0. 37300 | 0 |
| 31 | 607370825 | 2003 | 0. 18374 | 0 | 32 | 608929942 | 2002 | 0. 37599 | 0 |
| 44 | 708058451 | 2003 | 0. 18607 | 0 | 35 | 611453949 | 2005 | 0. 37667 | 0 |
| 37 | 614373506 | 2003 | 0. 19372 | 0 | 44 | 707637179 | 2005 | 0. 37668 | 0 |

续表

| 省份代码 | 注册号 | 年份 | p值 | y值 | 省份代码 | 注册号 | 年份 | p值 | y值 |
|---|---|---|---|---|---|---|---|---|---|
| 37 | 165146171 | 2003 | 0.20329 | 0 | 33 | 14655353X | 2005 | 0.38035 | 0 |
| 44 | 618107301 | 2003 | 0.20767 | 0 | 32 | 142021165 | 2005 | 0.38276 | 0 |
| 44 | 618394195 | 2001 | 0.20769 | 0 | 33 | 14685093X | 2003 | 0.39050 | 0 |
| 44 | 617625705 | 2002 | 0.21514 | 0 | 12 | 600570779 | 2003 | 0.39131 | 0 |
| 44 | 707800095 | 2001 | 0.22009 | 0 | 33 | 148192002 | 2003 | 0.39303 | 0 |
| 44 | 191475163 | 2003 | 0.23205 | 0 | 44 | 707637179 | 2003 | 0.39317 | 0 |
| 44 | X18502439 | 2005 | 0.23523 | 0 | 44 | 737192289 | 2005 | 0.39405 | 0 |
| 44 | 618124785 | 2003 | 0.23650 | 0 | 37 | 165146171 | 2005 | 0.23691 | 0 |
| 33 | 146485581 | 2003 | 0.39694 | 0 | 33 | 610273794 | 2003 | 0.56234 | 1 |
| 32 | 743704615 | 2006 | 0.39829 | 0 | 31 | 630395414 | 2006 | 0.56912 | 1 |
| 33 | 14655353X | 2006 | 0.40604 | 0 | 37 | 614373506 | 2006 | 0.56936 | 1 |
| 44 | 617523864 | 2003 | 0.40857 | 0 | 32 | 142021165 | 2006 | 0.57162 | 1 |
| 44 | X18502439 | 2003 | 0.40927 | 0 | 21 | 724932866 | 2005 | 0.57212 | 1 |
| 33 | 148159456 | 2003 | 0.41417 | 0 | 33 | 14685093X | 2005 | 0.57254 | 1 |
| 37 | 729247729 | 2006 | 0.42610 | 0 | 33 | 148159456 | 2005 | 0.57306 | 1 |
| 44 | 191475163 | 2005 | 0.42671 | 0 | 31 | 751484050 | 2006 | 0.57755 | 1 |
| 33 | 727186520 | 2006 | 0.43367 | 0 | 33 | 704276734 | 2003 | 0.58053 | 1 |
| 37 | 165146171 | 2006 | 0.44390 | 0 | 44 | 708058451 | 2004 | 0.58587 | 1 |
| 44 | L00150730 | 2006 | 0.44430 | 0 | 44 | 617892221 | 2006 | 0.58643 | 1 |
| 32 | 607985184 | 2003 | 0.44601 | 0 | 32 | 608834353 | 2003 | 0.58816 | 1 |
| 44 | 618124785 | 2005 | 0.44927 | 0 | 44 | 617986375 | 2005 | 0.58844 | 1 |
| 33 | 60910212X | 2006 | 0.44994 | 0 | 44 | 617625705 | 2003 | 0.59678 | 1 |
| 34 | 731668637 | 2006 | 0.45428 | 0 | 44 | X18502439 | 2006 | 0.59722 | 1 |
| 32 | 608130604 | 2006 | 0.45642 | 0 | 21 | 604631647 | 2006 | 0.59724 | 1 |
| 44 | 617892221 | 2005 | 0.45709 | 0 | 32 | 608967615 | 2005 | 0.59904 | 1 |
| 44 | 708058451 | 2006 | 0.45785 | 0 | 33 | 724513573 | 2006 | 0.59939 | 1 |
| 32 | 746803600 | 2006 | 0.45880 | 0 | 33 | 704884078 | 2006 | 0.60563 | 1 |
| 37 | 727817118 | 2006 | 0.46003 | 0 | 33 | 724513573 | 2005 | 0.60774 | 1 |
| 44 | X1870679X | 2006 | 0.46046 | 0 | 34 | 149113345 | 2006 | 0.60806 | 1 |
| 44 | 618394195 | 2002 | 0.46084 | 0 | 12 | 600570779 | 2005 | 0.60851 | 1 |
| 42 | 615787786 | 2006 | 0.46540 | 0 | 44 | 707800095 | 2003 | 0.60957 | 1 |
| 21 | 122414260 | 2001 | 0.46726 | 0 | 32 | 140773777 | 2006 | 0.61360 | 1 |
| 32 | 714920001 | 2003 | 0.47992 | 0 | 32 | 730739085 | 2006 | 0.62176 | 1 |
| 31 | 738519335 | 2005 | 0.49151 | 0 | 32 | 703933982 | 2006 | 0.62236 | 1 |
| 44 | 734123341 | 2006 | 0.49624 | 0 | 32 | 731173669 | 2006 | 0.63656 | 1 |
| 32 | 743744668 | 2006 | 0.49790 | 0 | 44 | 198078064 | 2006 | 0.63931 | 1 |
| 22 | 124476481 | 2005 | 0.50009 | 1 | 62 | 224761036 | 2003 | 0.64129 | 1 |
| 35 | 611453949 | 2006 | 0.50262 | 1 | 44 | 745541178 | 2005 | 0.64297 | 1 |
| 44 | 618131512 | 2006 | 0.51061 | 1 | 32 | 608929942 | 2003 | 0.64443 | 1 |

续表

| 省份代码 | 注册号 | 年份 | p 值 | y 值 | 省份代码 | 注册号 | 年份 | p 值 | y 值 |
|---|---|---|---|---|---|---|---|---|---|
| 33 | 145092380 | 2006 | 0. 51172 | 1 | 21 | 724943231 | 2006 | 0. 64769 | 1 |
| 13 | 601193135 | 2005 | 0. 52089 | 1 | 32 | 608967615 | 2006 | 0. 65130 | 1 |
| 44 | 618124785 | 2006 | 0. 52552 | 1 | 45 | 198597657 | 2006 | 0. 65797 | 1 |
| 32 | 755079407 | 2006 | 0. 52944 | 1 | 31 | 607370825 | 2004 | 0. 66252 | 1 |
| 32 | 703636988 | 2006 | 0. 52969 | 1 | 44 | 191475163 | 2004 | 0. 66566 | 1 |
| 21 | 724943231 | 2005 | 0. 54076 | 1 | 33 | 148159456 | 2006 | 0. 66860 | 1 |
| 44 | 707637179 | 2006 | 0. 54453 | 1 | 44 | 737192289 | 2004 | 0. 67147 | 1 |
| 37 | 165108095 | 2006 | 0. 55215 | 1 | 33 | 719569791 | 2006 | 0. 68960 | 1 |
| 44 | 191475163 | 2006 | 0. 55437 | 1 | 32 | 746802229 | 2006 | 0. 68963 | 1 |
| 44 | 708058451 | 2005 | 0. 56007 | 1 | 44 | 707800095 | 2005 | 0. 69424 | 1 |
| 44 | 707980014 | 2006 | 0. 70466 | 1 | 44 | 743591171 | 2006 | 0. 69904 | 1 |
| 32 | 608289244 | 2006 | 0. 70486 | 1 | 37 | 614373506 | 2004 | 0. 69991 | 1 |
| 21 | 724932866 | 2006 | 0. 70522 | 1 | 44 | 617986375 | 2006 | 0. 84314 | 1 |
| 44 | 742969080 | 2006 | 0. 70569 | 1 | 33 | 776455045 | 2007 | 0. 85030 | 1 |
| 33 | 719569791 | 2005 | 0. 70820 | 1 | 33 | 610273794 | 2006 | 0. 85251 | 1 |
| 32 | 704069196 | 2005 | 0. 71396 | 1 | 37 | 165108095 | 2004 | 0. 85441 | 1 |
| 31 | 607370825 | 2005 | 0. 71811 | 1 | 44 | 618394195 | 2004 | 0. 85621 | 1 |
| 44 | 617892221 | 2004 | 0. 72067 | 1 | 34 | 704948705 | 2007 | 0. 85680 | 1 |
| 32 | 726566548 | 2005 | 0. 72093 | 1 | 32 | 743704615 | 2007 | 0. 85914 | 1 |
| 33 | 14685093X | 2006 | 0. 72374 | 1 | 33 | 148159456 | 2004 | 0. 85978 | 1 |
| 37 | 165201599 | 2003 | 0. 72852 | 1 | 31 | 729430152 | 2007 | 0. 86082 | 1 |
| 12 | 730355161 | 2006 | 0. 73554 | 1 | 32 | 607985184 | 2006 | 0. 86325 | 1 |
| 44 | 725475142 | 2006 | 0. 73810 | 1 | 65 | 722312145 | 2007 | 0. 86387 | 1 |
| 33 | 610273794 | 2005 | 0. 73960 | 1 | 32 | 25099428X | 2007 | 0. 86410 | 1 |
| 32 | 723533409 | 2006 | 0. 74223 | 1 | 33 | 712551513 | 2007 | 0. 86411 | 1 |
| 33 | 75115385X | 2006 | 0. 74446 | 1 | 44 | 707637179 | 2004 | 0. 86525 | 1 |
| 44 | 734937572 | 2006 | 0. 74514 | 1 | 11 | 700052549 | 2005 | 0. 86625 | 1 |
| 32 | 608834353 | 2005 | 0. 74742 | 1 | 32 | 608929942 | 2006 | 0. 86833 | 1 |
| 44 | X18502439 | 2004 | 0. 74882 | 1 | 37 | 72427850X | 2007 | 0. 86943 | 1 |
| 12 | 600570779 | 2006 | 0. 75463 | 1 | 33 | 145635760 | 2006 | 0. 87328 | 1 |
| 31 | 607207809 | 2006 | 0. 75736 | 1 | 33 | 14655353X | 2007 | 0. 87543 | 1 |
| 44 | 737192289 | 2006 | 0. 76303 | 1 | 37 | 165146171 | 2007 | 0. 87554 | 1 |
| 32 | 607985184 | 2005 | 0. 76570 | 1 | 37 | 16674697X | 2007 | 0. 87640 | 1 |
| 33 | 734491590 | 2006 | 0. 77090 | 1 | 33 | 14655353X | 2004 | 0. 87728 | 1 |
| 44 | 618394195 | 2005 | 0. 77250 | 1 | 32 | 703636988 | 2007 | 0. 88096 | 1 |
| 44 | 707800095 | 2006 | 0. 77812 | 1 | 32 | 746803600 | 2007 | 0. 88869 | 1 |
| 33 | 719569791 | 2004 | 0. 78345 | 1 | 44 | 745541178 | 2006 | 0. 88869 | 1 |
| 37 | 706447218 | 2006 | 0. 78416 | 1 | 33 | 60910212X | 2007 | 0. 88871 | 1 |
| 35 | 63390080X | 2005 | 0. 78539 | 1 | 32 | 731173669 | 2007 | 0. 89004 | 1 |

续表

| 省份代码 | 注册号 | 年份 | p值 | y值 | 省份代码 | 注册号 | 年份 | p值 | y值 |
|---|---|---|---|---|---|---|---|---|---|
| 32 | 608929942 | 2005 | 0.79065 | 1 | 44 | X31600252 | 2007 | 0.89282 | 1 |
| 44 | 618481555 | 2006 | 0.79309 | 1 | 44 | L00150730 | 2007 | 0.89469 | 1 |
| 44 | 708216261 | 2006 | 0.79502 | 1 | 44 | X18502439 | 2007 | 0.89483 | 1 |
| 31 | 738519335 | 2006 | 0.79634 | 1 | 44 | 725475142 | 2007 | 0.89576 | 1 |
| 12 | 600570779 | 2004 | 0.80022 | 1 | 32 | 608130604 | 2007 | 0.89708 | 1 |
| 44 | 618124785 | 2004 | 0.81118 | 1 | 37 | 72428351X | 2007 | 0.89769 | 1 |
| 22 | 124476481 | 2006 | 0.81373 | 1 | 34 | 731668637 | 2007 | 0.90120 | 1 |
| 32 | 744806891 | 2006 | 0.81531 | 1 | 44 | 707980014 | 2007 | 0.90335 | 1 |
| 33 | 145635760 | 2005 | 0.82425 | 1 | 37 | 738187369 | 2007 | 0.90385 | 1 |
| 33 | 14685093X | 2004 | 0.82541 | 1 | 32 | 142021165 | 2007 | 0.90398 | 1 |
| 13 | 601193135 | 2006 | 0.83296 | 1 | 32 | 746240879 | 2007 | 0.90442 | 1 |
| 33 | 14385226X | 2007 | 0.83553 | 1 | 12 | 730355161 | 2007 | 0.90592 | 1 |
| 21 | 769591356 | 2007 | 0.83561 | 1 | 11 | 745493137 | 2006 | 0.90616 | 1 |
| 11 | 745493137 | 2007 | 0.83704 | 1 | 37 | 729247729 | 2007 | 0.90809 | 1 |
| 44 | 707980014 | 2004 | 0.83807 | 1 | 33 | 145092380 | 2007 | 0.91129 | 1 |
| 44 | 617523864 | 2004 | 0.83883 | 1 | 32 | 608289244 | 2007 | 0.91157 | 1 |
| 44 | 618394195 | 2003 | 0.84033 | 1 | 31 | 741171456 | 2007 | 0.91530 | 1 |
| 32 | 704069196 | 2006 | 0.84183 | 1 | 32 | 608834353 | 2006 | 0.91741 | 1 |
| 32 | 703933982 | 2007 | 0.91945 | 1 | 34 | 149113345 | 2007 | 0.95656 | 1 |
| 33 | 148093637 | 2007 | 0.91961 | 1 | 44 | 743591171 | 2007 | 0.95729 | 1 |
| 44 | 618131512 | 2007 | 0.91982 | 1 | 32 | 755079407 | 2007 | 0.95743 | 1 |
| 13 | 601193135 | 2007 | 0.92022 | 1 | 33 | 734491590 | 2007 | 0.95785 | 1 |
| 31 | 60740444X | 2007 | 0.92060 | 1 | 12 | 600570779 | 2007 | 0.95800 | 1 |
| 32 | 608929942 | 2004 | 0.92233 | 1 | 32 | 748166713 | 2007 | 0.96004 | 1 |
| 44 | 742969080 | 2007 | 0.92395 | 1 | 32 | 746802229 | 2007 | 0.96030 | 1 |
| 44 | 198078064 | 2007 | 0.92414 | 1 | 31 | 738519335 | 2007 | 0.96056 | 1 |
| 32 | 730739085 | 2007 | 0.92543 | 1 | 44 | 745541178 | 2007 | 0.96360 | 1 |
| 44 | 708058451 | 2007 | 0.92701 | 1 | 22 | 124476481 | 2007 | 0.96397 | 1 |
| 44 | 618124785 | 2007 | 0.92739 | 1 | 44 | 618481555 | 2007 | 0.96443 | 1 |
| 37 | 165108095 | 2007 | 0.92857 | 1 | 33 | 719569791 | 2007 | 0.96494 | 1 |
| 44 | 191475163 | 2007 | 0.93018 | 1 | 37 | 726215676 | 2007 | 0.97033 | 1 |
| 32 | 723533409 | 2007 | 0.93089 | 1 | 44 | 617986375 | 2007 | 0.97053 | 1 |
| 32 | 608834353 | 2004 | 0.93161 | 1 | 44 | 708216261 | 2007 | 0.97130 | 1 |
| 45 | 198597657 | 2007 | 0.93349 | 1 | 37 | 706447218 | 2007 | 0.97357 | 1 |
| 32 | 140773777 | 2007 | 0.93410 | 1 | 32 | 704069196 | 2007 | 0.97695 | 1 |
| 11 | 102837469 | 2007 | 0.93526 | 1 | 32 | 628400069 | 2007 | 0.97734 | 1 |
| 44 | 734123341 | 2007 | 0.93617 | 1 | 32 | 744806891 | 2007 | 0.97753 | 1 |
| 31 | 751484050 | 2007 | 0.93698 | 1 | 33 | 724513573 | 2007 | 0.97777 | 1 |
| 44 | 737192289 | 2007 | 0.94110 | 1 | 33 | 610273794 | 2007 | 0.97917 | 1 |

续表

| 省份代码 | 注册号 | 年份 | p 值 | y 值 | 省份代码 | 注册号 | 年份 | p 值 | y 值 |
|---|---|---|---|---|---|---|---|---|---|
| 37 | 614373506 | 2007 | 0.94111 | 1 | 37 | 765785532 | 2007 | 0.98112 | 1 |
| 21 | 724943231 | 2007 | 0.94130 | 1 | 62 | 224603185 | 2003 | 0.98155 | 1 |
| 37 | 165146171 | 2004 | 0.94611 | 1 | 33 | 724513573 | 2004 | 0.98174 | 1 |
| 33 | 14685093X | 2007 | 0.94961 | 1 | 33 | 610273794 | 2004 | 0.98227 | 1 |
| 31 | 607207809 | 2007 | 0.95041 | 1 | 32 | 607985184 | 2007 | 0.98432 | 1 |
| 33 | 148159456 | 2007 | 0.95095 | 1 | 32 | 608929942 | 2007 | 0.98449 | 1 |
| 44 | 734937572 | 2007 | 0.95129 | 1 | 32 | 608967615 | 2007 | 0.98470 | 1 |
| 33 | 704884078 | 2007 | 0.95368 | 1 | 32 | 608834353 | 2007 | 0.98480 | 1 |
| 33 | 75115385X | 2007 | 0.95398 | 1 | 33 | 145635760 | 2004 | 0.98589 | 1 |
| 21 | 724932866 | 2007 | 0.95573 | 1 | 33 | 145635760 | 2007 | 0.98626 | 1 |
| 44 | 707800095 | 2007 | 0.98718 | 1 | | | | | |

# 附录 B　实验组和对照组企业全要素生产率估算部分结果

| 代码 | 注册号 | 年份 | ftp 值 | 代码 | 注册号 | 年份 | ftp 值 |
|---|---|---|---|---|---|---|---|
| 11 | 746132018 | 2007 | 12. 898111604707 | 37 | 163569824 | 2002 | 5. 549579624563 |
| 11 | 710924494 | 2004 | 11. 514355124498 | 32 | 608317567 | 2001 | 10. 360351463870 |
| 37 | 740992615 | 2007 | 100. 621419851971 | 34 | 149055560 | 2001 | 5. 077285236515 |
| 44 | 632800997 | 2007 | 238. 924125578226 | 35 | 612001207 | 2001 | 32. 982069358928 |
| 37 | 16849135X | 2007 | 20. 486642786210 | 35 | 612001207 | 2001 | 32. 982069358928 |
| 32 | 753930800 | 2007 | 17. 218186256730 | 35 | 612001207 | 2002 | 28. 821615591699 |
| 11 | 746132018 | 2006 | 11. 927586225409 | 32 | 608126277 | 2001 | 19. 795610477325 |
| 32 | 138058504 | 2007 | 18. 919858477580 | 35 | 612001207 | 2002 | 28. 821615591699 |
| 33 | 730189933 | 2007 | 22. 628115038510 | 44 | 192578500 | 2001 | 15. 265860269746 |
| 12 | 103915633 | 2007 | 9. 536368185895 | 32 | 608317567 | 2002 | 6. 681496787470 |
| 37 | 613281386 | 2004 | 8. 922727267924 | 37 | 613281386 | 2006 | 3. 036040338102 |
| 12 | 103915633 | 2004 | 5. 725941564061 | 61 | 220603110 | 2002 | 2. 047570953174 |
| 44 | 632800997 | 2006 | 158. 217855391525 | 12 | 103915633 | 2005 | 5. 485503585731 |
| 12 | 103698034 | 2001 | 17. 096755571411 | 31 | 607289832 | 2001 | 40. 754747875147 |
| 13 | 721691884 | 2004 | 6. 160231753945 | 34 | 149055560 | 2002 | 7. 733677134020 |
| 32 | 135898129 | 2003 | -1. 163275128669 | 41 | 173503319 | 2002 | 4. 655516789156 |
| 37 | 740992615 | 2006 | 64. 302861454992 | 37 | 163569824 | 2001 | 4. 278208200049 |
| 32 | 138058504 | 2006 | 37. 296015348999 | 13 | 721691884 | 2003 | 4. 933636839700 |
| 37 | 742444778 | 2005 | 23. 299907153996 | 32 | 135898129 | 2002 | 3. 915490845977 |
| 13 | 721691884 | 2006 | 13. 706264171320 | 61 | 220603110 | 2001 | 2. 544682592243 |
| 37 | 16849135X | 2006 | 40. 989498035641 | 44 | 618419639 | 2002 | 40. 826569229076 |
| 13 | 721691884 | 2005 | 11. 000010074986 | 32 | 608126277 | 2002 | 6. 319674636496 |
| 11 | 101115050 | 2001 | 0. 180308908660 | 41 | 173503319 | 2001 | 6. 345714903014 |
| 37 | 728598885 | 2006 | 43. 886107812756 | 46 | 28408134X | 2002 | 25. 592297469314 |
| 21 | 123716201 | 2002 | 4. 428267407083 | 13 | 104794941 | 2001 | 3. 893098277350 |
| 31 | 607200180 | 2002 | 9. 158837413699 | 13 | 104794941 | 2002 | 5. 929327705147 |
| 43 | 710926094 | 2002 | 12. 272447081617 | 35 | 156986849 | 2002 | 13. 207621872507 |
| 37 | 613281386 | 2005 | 27. 135476537773 | 23 | 12704713X | 2001 | 3. 946184471225 |
| 37 | 16849135X | 2005 | 39. 119922723569 | 32 | 138002076 | 2002 | 14. 943292338129 |
| 31 | 607200180 | 2001 | 8. 239138031879 | 12 | 103915633 | 2003 | 1. 148634445666 |
| 42 | 177740418 | 2001 | 3. 697942131101 | 32 | 135898129 | 2001 | 1. 231366173683 |
| 12 | 103607112 | 2001 | 10. 109539560126 | 37 | 16849135X | 2002 | 3. 164595068284 |
| 12 | 103607112 | 2002 | 9. 939092765729 | 12 | 103915633 | 2001 | 1. 545818347454 |
| 21 | 123716201 | 2001 | 2. 857216441241 | 12 | 103915633 | 2002 | 2. 156235384477 |
| 35 | 612001207 | 2000 | 8. 613676839240 | 62 | 924506714 | 2002 | 19. 957019875919 |
| 42 | 177740418 | 2002 | 5. 763671574394 | 37 | 16849135X | 2001 | 5. 273532623566 |

续表

| 代码 | 注册号 | 年份 | ftp 值 | 代码 | 注册号 | 年份 | ftp 值 |
|---|---|---|---|---|---|---|---|
| 31 | 607289832 | 2002 | 46. 582895125346 | 12 | 103698034 | 2002 | －7. 116894470951 |
| 12 | 103698034 | 1999 | NA | 44 | 618419639 | 2000 | 26. 761105162717 |
| 12 | 103698034 | 2000 | －83. 525628518129 | 44 | 618419639 | 2001 | 43. 779735522232 |
| 21 | 117564221 | 1998 | NA | 51 | 620883588 | 2000 | NA |
| 32 | 137351258 | 2001 | NA | 33 | 704660875 | 2001 | NA |
| 32 | 137351258 | 2002 | 16. 297776678709 | 21 | 715730082 | 2001 | NA |
| 32 | 140718313 | 2001 | NA | 21 | 715730082 | 2002 | 5. 542380447291 |
| 32 | 140718313 | 2002 | 18. 514290633827 | 32 | 716884120 | 2001 | NA |
| 32 | 140834429 | 1998 | NA | 32 | 716884120 | 2002 | 2. 668501995832 |
| 32 | 140834429 | 1999 | －0. 299683359632 | 32 | 717433794 | 2002 | NA |
| 33 | 143000251 | 1998 | NA | 32 | 722251776 | 2002 | NA |
| 33 | 143000251 | 2002 | 24. 046310127545 | 21 | 725675910 | 2002 | NA |
| 44 | 192578500 | 1998 | NA | 44 | 727850583 | 2002 | NA |
| 44 | 192578500 | 1999 | 15. 565229344735 | 44 | 735000714 | 2002 | NA |
| 44 | 192578500 | 2000 | 2. 664891547034 | 21 | 117564221 | 1998 | NA |
| 44 | 192789623 | 2001 | NA | 31 | 607289832 | 1998 | NA |
| 44 | 192789623 | 2002 | NA | 35 | 612001207 | 1999 | NA |
| 44 | 193935493 | 1998 | NA | 35 | 612001207 | 1999 | 9. 046285392091 |
| 44 | 194293955 | 2001 | NA | 44 | 617621763 | 2001 | NA |
| 44 | 194293955 | 2002 | 55. 396506978984 | 44 | 617621763 | 2002 | 32. 774849680791 |
| 65 | 229246586 | 2001 | NA | 32 | 628385735 | 2001 | NA |
| 65 | 229246586 | 2002 | 5. 934615181919 | 32 | 628385735 | 2002 | 8. 076490705675 |
| 46 | 28408134X | 1998 | NA | 21 | 701714364 | 2001 | NA |
| 46 | 28408134X | 2000 | 16. 530509315145 | 21 | 701714364 | 2002 | 2. 163555461164 |
| 46 | 28408134X | 2001 | 32. 874283915324 | 21 | YA0546007 | 2000 | NA |
| 12 | 600900459 | 2001 | NA | 31 | 133971388 | 1998 | NA |
| 12 | 600900459 | 2002 | －0. 610306398790 | 31 | 133971388 | 1999 | 19. 295500910843 |
| 31 | 607289832 | 1998 | NA | 33 | 14655353X | 1998 | NA |
| 31 | 607289832 | 1999 | 45. 134946797923 | 33 | 14655353X | 1999 | 37. 930048260335 |
| 31 | 607289832 | 2000 | 23. 837517034045 | 33 | 14655353X | 2000 | 34. 121738170699 |
| 32 | 608126277 | 1999 | NA | 11 | 700242764 | 2002 | NA |
| 32 | 608126277 | 2000 | 13. 910418863697 | 43 | 710926094 | 2000 | NA |
| 35 | 612001207 | 1999 | NA | 43 | 710926094 | 2001 | 6. 906928672448 |
| 35 | 612001207 | 2000 | 8. 613676839240 | 32 | 250134722 | 2000 | NA |
| 44 | 617731321 | 1998 | NA | 32 | 608396226 | 2001 | NA |
| 44 | 618394259 | 2000 | NA | 32 | 608396226 | 2002 | 3. 030251332514 |
| 44 | 618394259 | 2002 | 7. 765463907980 | 32 | 608317567 | 1998 | NA |
| 44 | 618419639 | 1998 | NA | 32 | 608317567 | 1999 | －3. 024813504725 |
| 32 | 608317567 | 2000 | 4. 357154540126 | 12 | 103607112 | 1998 | NA |
| 37 | 710921218 | 2002 | 4. 658697616101 | 12 | 103607112 | 2000 | 3. 355012177580 |

续表

| 代码 | 注册号 | 年份 | ftp 值 | 代码 | 注册号 | 年份 | ftp 值 |
|---|---|---|---|---|---|---|---|
| 44 | 735000714 | 2005 | 1. 882638892502 | 44 | 707800095 | 2007 | 25. 440889676419 |
| 37 | 163569824 | 2005 | 13. 289463745326 | 33 | 145635760 | 2007 | 16. 912515049507 |
| 14 | 112791345 | 2005 | 15. 802303479482 | 33 | 145635760 | 2004 | 13. 949411831211 |
| 13 | 104794941 | 2006 | 5. 558476717761 | 32 | 608834353 | 2007 | 155. 151893516388 |
| 51 | 744679722 | 2006 | 13. 501725549877 | 32 | 608967615 | 2007 | 181. 713224582889 |
| 23 | 734636315 | 2005 | 34. 395984524851 | 32 | 608929942 | 2007 | 102. 917407725297 |
| 23 | 723674017 | 2006 | 4. 114870685666 | 32 | 607985184 | 2007 | 140. 364758010274 |
| 44 | 617621763 | 2005 | 9. 662776517449 | 33 | 610273794 | 2004 | 40. 013077591717 |
| 32 | 608396226 | 2004 | 4. 069661415464 | 33 | 724513573 | 2004 | 34. 109161271095 |
| 42 | 177740418 | 2003 | 7. 367321322229 | 62 | 224603185 | 2003 | 0. 177522615716 |
| 12 | 600890887 | 2003 | -9. 846203579591 | 37 | 765785532 | 2007 | 45. 144359242698 |
| 23 | 734636315 | 2006 | 18. 582969509530 | 33 | 610273794 | 2007 | 65. 884391801926 |
| 37 | 723298760 | 2005 | 31. 826354483445 | 33 | 724513573 | 2007 | 116. 322823659963 |
| 31 | 133971388 | 2006 | 7. 690091537419 | 32 | 744806891 | 2007 | 86. 182156327101 |
| 32 | 142447158 | 2006 | 39. 801037421838 | 32 | 628400069 | 2007 | 54. 929636165521 |
| 11 | 700242764 | 2006 | 11. 242861058963 | 32 | 704069196 | 2007 | 244. 567892039307 |
| 12 | 600900459 | 2006 | 0. 000000000000 | 37 | 706447218 | 2007 | 113. 858296574617 |
| 44 | 617621763 | 2003 | 34. 269294091102 | 44 | 708216261 | 2007 | 114. 605943566566 |
| 36 | 159302879 | 2003 | 1. 029295931590 | 44 | 617986375 | 2007 | 58. 132482819768 |
| 34 | 149055560 | 2003 | 8. 046813252535 | 37 | 726215676 | 2007 | 31. 594154657213 |
| 50 | 450533883 | 2005 | 3. 317579586642 | 33 | 719569791 | 2007 | 183. 250617155004 |
| 51 | 205111863 | 2003 | 8. 902351026870 | 44 | 618481555 | 2007 | 51. 608587232356 |
| 31 | 607289832 | 2003 | 32. 976283867925 | 22 | 124476481 | 2007 | 14. 282303551655 |
| 37 | 163569824 | 2003 | 3. 756912308507 | 44 | 745541178 | 2007 | 64. 838906312661 |
| 13 | 104794941 | 2005 | 7. 091847682328 | 31 | 738519335 | 2007 | 22. 619060438628 |
| 32 | 608396226 | 2006 | 18. 958561604161 | 32 | 746802229 | 2007 | 158. 691651840141 |
| 42 | 714693195 | 2006 | 14. 342388575498 | 32 | 748166713 | 2007 | 97. 529137892137 |
| 35 | 612001207 | 2005 | 2. 188402933229 | 12 | 600570779 | 2007 | 76. 195975708000 |
| 23 | 723674017 | 2005 | 5. 979138051792 | 33 | 734491590 | 2007 | 30. 594878764268 |
| 51 | 744679722 | 2005 | 17. 232611410929 | 32 | 755079407 | 2007 | 15. 788209385808 |
| 50 | 450533883 | 2006 | 3. 169617503827 | 44 | 743591171 | 2007 | 14. 854168872114 |
| 44 | 618419639 | 2003 | 15. 596716485448 | 34 | 149113345 | 2007 | 73. 449763829256 |
| 33 | 843069671 | 2003 | 19. 511775100266 | 21 | 724932866 | 2007 | 160. 109604573258 |
| 21 | 715730082 | 2005 | 128. 743361176897 | 33 | 75115385X | 2007 | 47. 721253552364 |
| 37 | 164365399 | 2006 | 93. 186719901382 | 33 | 704884078 | 2007 | 28. 297529897899 |
| 32 | 73889600X | 2006 | 17. 229060665895 | 44 | 734937572 | 2007 | 87. 178824202611 |
| 13 | 104794941 | 2003 | 5. 726366787778 | 33 | 148159456 | 2007 | 19. 048583766214 |
| 35 | 156986849 | 2003 | 13. 187478297113 | 31 | 607207809 | 2007 | 33. 383529110104 |
| 32 | 608396226 | 2005 | 0. 329362971436 | 33 | 14685093X | 2007 | 7. 031979575443 |
| 32 | 608126277 | 2003 | -1. 062024402699 | 37 | 165146171 | 2004 | 15. 389498689685 |

续表

| 代码 | 注册号 | 年份 | ftp 值 | 代码 | 注册号 | 年份 | ftp 值 |
|---|---|---|---|---|---|---|---|
| 35 | 612001207 | 2003 | 11. 149160732411 | 21 | 724943231 | 2007 | 16. 478308549678 |
| 35 | 612001207 | 2003 | 11. 149160732411 | 37 | 614373506 | 2007 | 16. 403602557316 |
| 37 | X13755322 | 2006 | 28. 104559602039 | 44 | 727850583 | 2004 | 97. 846102115943 |
| 33 | 142913112 | 2007 | 10. 139927409210 | 12 | 758104022 | 2006 | 10. 472382877625 |
| 43 | 710926094 | 2007 | 8. 314423136654 | 43 | 710926094 | 2005 | 9. 948267343086 |
| 41 | 177324342 | 2007 | -24. 068082986846 | 32 | 608317567 | 2004 | 60. 353999554543 |
| 34 | 760844812 | 2007 | 65. 854801124477 | 14 | 112791345 | 2006 | 14. 231493980878 |
| 32 | 608317567 | 2007 | 93. 537281902500 | 14 | 110112812 | 2005 | 2. 939999393726 |
| 31 | 607289832 | 2007 | 23. 465445411956 | 37 | 613561732 | 2006 | 3. 908773389796 |
| 32 | 746240430 | 2007 | 129. 364033863721 | 13 | 104794941 | 2004 | 9. 271516436822 |
| 23 | 734636315 | 2007 | 41. 991046225119 | 21 | 715730082 | 2004 | 18. 913666621647 |
| 44 | 735000714 | 2007 | 2. 846823773145 | 44 | 618355575 | 2007 | 11. 220681640278 |
| 33 | 745090848 | 2007 | 24. 210908985826 | 44 | 618419639 | 2004 | -14. 193515941287 |
| 44 | 727850583 | 2007 | 11. 703264722466 | 21 | 715730082 | 2006 | 67. 529170741584 |
| 44 | 617621763 | 2007 | 14. 878483368177 | 31 | 607289832 | 2006 | 1. 427289684113 |
| 44 | 617621763 | 2004 | 7. 150921674994 | 12 | 103607112 | 2005 | 16. 427226444946 |
| 21 | 123716201 | 2004 | 1. 943831521277 | 42 | 177740418 | 2005 | 4. 471708485118 |
| 50 | 450533883 | 2007 | 8. 877395118194 | 43 | 710926094 | 2006 | 12. 295046792973 |
| 12 | 103607112 | 2004 | 13. 672343002312 | 21 | 123716201 | 2005 | 1. 941505075001 |
| 51 | 20885067X | 2004 | 17. 033875394543 | 37 | 163569824 | 2006 | 10. 281748717719 |
| 32 | 142447158 | 2007 | 39. 396372248771 | 45 | 708731343 | 2006 | 5. 785364313299 |
| 31 | 607289832 | 2004 | 5. 553322955909 | 32 | 608317567 | 2006 | 115. 522006781253 |
| 37 | 164365399 | 2007 | 78. 372150418065 | 15 | 114127106 | 2006 | 12. 777324325262 |
| 51 | 744679722 | 2007 | 45. 444428718655 | 35 | 612001207 | 2004 | 3. 877151072090 |
| 42 | 714693195 | 2007 | 20. 111280291023 | 51 | 20885067X | 2005 | 20. 775763966168 |
| 32 | 608396226 | 2007 | 6. 716288921765 | 32 | 716820952 | 2007 | 7. 714144827068 |
| 44 | 735000714 | 2004 | 2. 399246416837 | 33 | 745090848 | 2006 | 29. 378907807452 |
| 33 | 145630919 | 2007 | 0. 877602507627 | 42 | 177740418 | 2006 | 5. 277694686692 |
| 41 | 728676927 | 2006 | 6. 899699048586 | 32 | 608317567 | 2005 | 27. 590199630028 |
| 37 | 163569824 | 2004 | 9. 014665906455 | 44 | 735000714 | 2006 | 1. 879569496701 |
| 11 | 700242764 | 2007 | 9. 005712269520 | 37 | 613590875 | 2006 | 21. 337806517857 |
| 33 | 142913112 | 2006 | 8. 193500936491 | 37 | 723298760 | 2006 | 22. 313549379003 |
| 21 | 701534101 | 2007 | 29. 220276193101 | 44 | 727850583 | 2005 | 9. 700612539829 |
| 32 | 722202050 | 2007 | 14. 930351852912 | 44 | 194293955 | 2003 | 53. 545822525804 |
| 32 | 717433794 | 2004 | 10. 550889876138 | 44 | 727850583 | 2006 | -0. 632948301076 |
| 21 | 123716201 | 2006 | 2. 873157388414 | 44 | 617621763 | 2006 | 8. 340817919487 |
| 12 | 103607112 | 2006 | 14. 688679742674 | 15 | 62647534X | 2006 | 6. 571541220670 |
| 45 | 708731343 | 2004 | 8. 553337443602 | 32 | 746240430 | 2006 | 159. 051894324525 |
| 35 | 156986849 | 2004 | 6. 641259689586 | 31 | 607289832 | 2005 | 21. 018974697441 |
| 51 | 20885067X | 2006 | 15. 492867552370 | 12 | 103607112 | 2003 | 9. 558823060251 |

# 后记

面对已经成稿的博士学位论文，感激之情油然而生！

首先，对我的恩师——何海燕教授表示衷心的感谢。导师正直无私的为人、渊博的知识、严谨的治学态度、过人的洞察力和坚韧的探索精神，让我领略到了真正的学者风范。师从何教授，令我得遇良师，生活因此而得以改变。入学不久，何老师引领我进入了反倾销这个研究领域。我的博士论文从选题、开题、论证直至最后成文，无不凝聚着恩师的心血与汗水。我在工作和学习中所取得的成绩都与恩师的悉心教诲密切相关。恩师的培养与教诲将使我终生受益，将永远激励我努力奋进。恩师永远是我学习的榜样！

在论文开题、预答辩和答辩过程中，得到了清华大学侯世昌教授、国家行政学院李习彬教授、北京理工大学管理与经济学院朱东华教授、董沛武教授、王兆华教授、张祥副教授、张晓甦副教授和教育研究院徐磊教授、马永霞教授的帮助和指导，在此，我深表谢意！同时，感谢北京理工大学管理与经济学院、教育研究院为我创造良好求学条件的各位师长！

衷心感谢我的各位同门！感谢常明、杨悦、张勇、赵飞、安彬、乔小勇博士在学习期间给予的帮助与支持。感谢宋希博、卢媛媛、游军玲、舒波、张剑、朱相宇、康晓伟、林波、李思奇博士以及其他同门兄弟姐妹们，是你们创造了良好的学术交流氛围，使我增长了知识，拓展了视野。

感谢我的舍友张丽玮博士和赵双赞博士，感谢你们给我带来的快乐时光。感谢李彤、葛永智、陈铁岗等06级博士班的同学们，与你们的相处将成为我人生一段美好的记忆。

感谢我工作单位的领导和同仁们在我读书和论文写作期间给予的关怀与帮助。

感谢评阅本论文的王兆华教授和徐磊教授等各位专家们。

感谢论文中引用文献的各位作者们。

最后，要衷心感谢我的父亲、母亲，没有你们含辛茹苦的抚养，无法成就今天的我。感谢我的先生、女儿、婆婆和我的姐姐、妹妹、弟弟，没有你们的鼓励、支持和无私付出，我无法完成今天的博士论文，也无法取得今天的成绩。

还有许多曾经给予我支持和帮助的人们，我在此也一并表示感谢，谢谢你们！

**陈振凤**

2017年12月29日